澤村雅史

福音書記者マタイの正体

その執筆意図と自己理解

Κατὰ
Μαθθαῖον

日本キリスト教団出版局

目　次

序　論 *11*

1. 本研究の目的 *11*
2. 研究の方法と展開について *18*

第 1 章　研究史 *21*

1.1　マタイ異邦人説について *22*
1.2　ユダヤ教からの分離？　マタイ福音書成立の背景 *24*
1.3　「イスラエル宣教」の終結？ *26*
1.4　intra muros 説について *32*
1.5　福音書成立の背景として信仰共同体を想定することの是非について *37*

目　次

第2章　マタイとマルコはどのように異なるか
　　　　──マタイによる編集の特徴について　*43*

2.1　マタイによるマルコ改訂の方向性（1）　律法遵守の強調　*44*

2.2　マタイによるマルコ改訂の方向性（2）　異邦人宣教への両義的姿勢
　　　　　　　　　　　　　　　　　　　　　　　　　　　　　　55

2.3　マタイによるマルコ改訂の方向性（3）　ファリサイ派批判　*55*

　　2.3.1　マタイ特殊記事における例　*56*

　　2.3.2　マタイがマルコ資料からファリサイ派への言及を受け入れている例　*57*

　　2.3.3　マルコ資料およびQ資料へ編集を加えている箇所（1）
　　　　　　──ファリサイ派への言及はいずれも原資料に基づく　*58*

　　2.3.4　マルコ資料およびQ資料へ編集を加えている箇所（2）
　　　　　　──ファリサイ派への言及をマタイが付加　*59*

　　2.3.5　マタイ福音書のファリサイ派批判の背景　*61*

第3章　マタイの律法理解について　*67*

3.1　マタイが命じる律法の「すべて」（πᾶς）とは何を含むのか　*69*

3.2　語義的研究および釈義　*72*

　　3.2.1　用例の分類について　*73*

　　3.2.2　マタイ編集における πᾶς の削除について　*80*

3.3　πάντα ὅσα について　*85*

3.4　マタイの宣教対象「すべての民」（πάντα τὰ ἔθνη）とは　*87*

3.5　マタイ福音書における「すべて」（πᾶς）とは　*90*

目　次

第4章　マタイの宣教論 ──ἔθνος 理解に寄せて　93

4.1　マタイ 21:43 の ἔθνος とは誰のことか　95
4.2　排除と包摂──再編された神の国へ　101
　　4.2.1　マタイ 21:28-32「二人の息子のたとえ」　101
　　4.2.2　マタイ 21:33-44「ぶどう園で働く悪い小作人たちのたとえ」
　　　　　　　　　　　　　　　　　　　　　　　　　　　　　103
　　4.2.3　マタイ 22:1-14「婚宴のたとえ」　105
4.3　「新しい民」としての ἔθνος　109

第5章　マタイによる諸民族宣教
　　　　──救済史的転換モデルを乗り越えて　111

5.1　「異邦人宣教」は禁止されているか？　114
　　5.1.1　異邦人への宣教は禁止されているか？　115
　　5.1.2　イエスの宣教の足取り　119
　　5.1.3　否定されるべき「異邦人」　122
5.2　マタイ福音書における ἔθνος の用例　123
5.3　救われるべき「異邦人」？　124
5.4　マタイの宣教論について　130

第6章　マタイの切迫した危機感について
―― ἀνομία 理解に寄せて　*131*

6.1　ἀνομία とは何を指すのか？　*132*

  6.1.1　マタイ共同体内に反律法主義的存在を想定する立場。または、反律法主義的存在の共同体への影響が切迫したものであるとする立場　*132*

  6.1.2　ἀνομία をより一般的な悪と見る立場　*133*

  6.1.3　マタイ共同体への影響が将来的なものにとどまっているという立場　*134*

  6.1.4　評価　*134*

6.2　釈義　*135*

  6.2.1　マタイ 7:21-23「終わりの日に主を呼ぶ不法の者たち」　*135*

  6.2.2　マタイ 23:27-28「律法学者とファリサイ派の不法に対する非難」　*137*

  6.2.3　マタイ 24:9-14「終わりの時の不法」　*138*

  6.2.4　マタイ 13:41-42「畑に忍び込まされた毒麦である不法の者たち」　*140*

6.3　マタイの危機感と「不法」（ἀνομία）　*143*

第7章　マタイの執筆意図について　*145*

7.1　マタイ、マルコ、そしてパウロの福音（εὐαγγέλιον）　*148*

7.2　福音書記者マタイの論敵パウロ　*152*

7.3　パウロとマルコの近似性について　*158*

  7.3.1　十字架の重要性　*158*

目　次

　　　7.3.2　十二弟子の評価　*159*
　　　7.3.3　異邦人宣教の積極的推進　*160*
　　　7.3.4　パウロ＝マルコへのマタイの反論　*161*
　7.4　マタイ福音書の執筆意図　*163*

結　論　*165*

初出一覧　*171*
参考文献　*172*
聖句索引　*181*

あとがき　*189*

　　　　　　　　　　　　　　　　　　　装丁　桂川　潤

凡 例

1、本書で引用する聖書本文は、断りがある場合のほかは、私訳を用いている。

2、〔　〕は私訳および引用において、語義や文意を明確にするために本書著者が補った部分である。また聖書テクストを引用した部分の［　］は異読を意味する。

福音書記者マタイの正体

その執筆意図と自己理解

序　論

1．本研究の目的

　マタイ福音書は読者をどこに導こうとしているのか——この問いは単純であるが、しかし答えが単純ではないことは、信仰的な関心から、また学問的な視座から、この問いに答えようとする営みが歴史上、幾度となく繰り返されてきたことからも明らかである。

　本研究はこの問いに対して、福音書記者マタイの執筆意図とともに、その自己理解に接近することによって答えを見出すことを目的とする。筆者があえて今日、本研究においてこの問いに取り組もうとする動機は二つある。その一つは、21世紀の今日、あらゆる局面において多様化・多極化・多元化が進む中で、一意的に「キリスト教」を定義することがいよいよ困難になっている状況にあって、「キリスト教」そのものの起源を見極めたいという動機である。

　そもそも、「キリスト教」とは何かという問いについて、試みに、イエス・キリストを「救い主」とし、旧・新約聖書をその信仰の規範すなわち「正典」とする宗教であるという定義を答えとすることは可能であろう。しかし、イエス・キリストをどのようにして「救い主」と位置づけるのかについては多様な理解が存在する。「正典」に関しても「解釈」の問題を抜きにして語ることはできず、そこには自ずと多様な理解が存在することになる。

　また、正典という考え方そのものも今日、再考を迫られている。たとえば、

序　論

多種多様な神学理解をもった多様なテクストの集成を内部調和的な「一冊の書物」として扱うことはもはや学問上の前提たりえないという指摘がなされて久しいが、この学術的問いかけは、聖書を「正典」として、すなわち「一つの規範」としてこれを扱おうというキリスト教にとっても、避けて通ることはできない課題のはずである。しかし、20 世紀後半以降においてなお、聖書全体が共通して一つの神学的主張を提示しているという理解はキリスト教に根強く残り[1]、中にはその極端な例として、聖書が示す真理に則った信仰を持たない者を「悪魔」と呼ぶような激しい敵意に満ちた「原理主義」さえ生まれ、21 世紀の今日なお力を増している[2]。「世俗的な普遍主義の終焉とともに合理性の基盤そのものが解体し、それによって世界宗教や世界社会が抱える潜在的摩擦を文明化する努力が土台を失っていく危険こそが迫っている」中で、「すでに乗り越えたと思っていた、信仰の戦士と信仰の戦争が

---

1 「旧約聖書と新約聖書の研究と神学的掘り下げは、過去 150 年の間に非常に広がると共に専門化し、個々の研究者が、聖書学の複雑な全体を鳥瞰し、旧約学の領域でも新約学の領域でも同時に学問研究に従事するということはほとんど、あるいは、全く不可能なのである。こうした展開が悲しむべきであるというのは、そのことのために<u>両方の聖書の一体であるという意識がますます歪められ、両方の聖書は事後的に統合されてキリスト教の正典になったのであり、キリスト教の教理というかすがいによって結び合わされているに過ぎないという</u>、誤った印象を持つことを助長しているからである」（P. シュトゥールマッハー著、原口尚彰訳『聖書神学をどう行うのか？──聖書神学の構想と実行』、教文館、1999 年、14 頁。下線は引用者による）。

2 Ulrich Beck は、階級や人種といった区別を撤廃してきたキリスト教などの普遍宗教が、同時に信者と不信者という区別を生み出し、さらには現代社会の「再帰的な近代化」の過程において暴力の源泉となってきた経緯を社会学的視座から捉えるなかで、次のように述べている。「宗教的普遍主義同士の衝突によって、宗教的啓示の確実性を標榜する各カノンが相互に疑問を投げつけあう状況が生じるのは明白だ。これまでは循環論的な自己確信で事足りていた場所で比較、解答、理由づけが必要となり、また要求される。言い換えれば、コスモポリタン的状況は反省と根拠づけの強制をもたらす。この強制に対しては、『なおのこと信仰に固く、立って闘う』というのが宗教の原理主義者の典型的な回答となる。つまり信仰の確信が疑わしくなってきた時代にあって、あらゆる手段を講じて疑問の余地なき確実性を回復するということだ」（U. ベック著、鈴木直訳『〈私〉だけの神──平和と暴力のはざまにある宗教』、岩波書店、2011 年、255 頁）。

——ただし今や自己破滅的な核と遺伝子操作の時代環境の中で——復活する」[3] 動きが現実化していく現代社会において、聖書学とそれに携わる者に課せられた課題の一つは、聖書の中に見出される多様性をどのように認識するかという問いに取り組むことであると考える。

聖書を正典として捉えるキリスト教は、いつから、どのようにして「キリスト教」となったのか。この問いに関して、とくに、キリスト教とその母体とされるユダヤ教[4]とはどのような関係を持つのか、何において連続しており、何において非連続であるのか、という問題については、多くの研究[5]が試みられてきたが、なお決定的な回答は得られていない。

この問題に、聖書学の視点から取り組むにあたって、マタイ福音書に目を留めることは至当であろう。この福音書は、旧約聖書からの多数の引用[6]、律

---

3 前掲書、64頁。
4 キリスト教発生の土壌となった、古代イスラエルに起源をもつ宗教のことを単純に「ユダヤ教」と呼ぶことができるか否かについても議論がある（D. ボヤーリン著、土岐健治訳『ユダヤ教の福音書——ユダヤ教の枠内のキリストの物語』、教文館、2013年、9-11頁）。また、「新約聖書」、「旧約聖書」という呼称はキリスト教のものであり、とくに「旧約聖書」については、キリスト教の価値判断に基づく一方的な呼称であるとの反省も広く共有されつつある（上村静『旧約聖書と新約聖書——「聖書」とはなにか』、新教出版社、2011年、26-30頁）。しかしいずれもこれらに代わる決定的な呼称は見出されておらず、本研究でも便宜上、「ユダヤ教」、「旧約聖書」、「新約聖書」という呼称を用いる。
5 比較的近年では、Daniel Boyarin は「キリスト教」という自己認識が生まれたのは3世紀（あるいはもう少し前）であり、その後もキリスト教がローマ帝国の国教となり、325年のニカイア公会議から381年のコンスタンティノポリス公会議に至って教義が定められていくまでは、キリスト教徒とユダヤ人という自己認識は排他的ではなかったと主張している（ボヤーリン、前掲書、11-31頁）。一方、佐藤研は「ユダヤ教イエス派」の改革運動がユダヤ教から名実ともに独立したのは、紀元1世紀の最後の30年間であり、その終わり頃に「キリスト教」という名称が一般化した、と指摘している（佐藤研『はじまりのキリスト教』、岩波書店、2010年、1-28頁）。
6 橋本滋男「福音書における旧約聖書」、出村彰・宮谷宣史編『聖書解釈の歴史——新約聖書から宗教改革まで』、日本基督教団出版局、1986年、56-61頁および J. Nolland, *The Gospel of Matthew: A Commentary on the Greek Text*, Grand Rapids, MI: Eerdmans, 2005, pp. 29-36 参照。

法のすべてを遵守すべしというラディカルな要求（マタイ 5:17-20）など、他の福音書より際立ってユダヤ教的伝統への特別な関心を示していると考えられてきたからである。

　ここで、ユダヤ教とキリスト教との関係、すなわち連続性および非連続性をマタイ福音書の中に見定めようとするときに、一つの疑問が生ずる。それは、この福音書自体はそもそもどちらに立っているのか、という疑問である。この福音書の成立時点において、福音書記者の自己理解が未だユダヤ教の内部にあったのか、あるいはすでにキリスト教という一宗教運動を担うことに置かれていたのか。福音書記者マタイ[7]の自己理解は「ユダヤ教徒キリスト派」であったのか、それとも「キリスト教徒」であったのか。この問題は、現在のマタイ福音書研究の世界の動向の中でも中心的な課題として認識されていることがらである[8]。この研究動向にわずかにでも新たな展望を加えたい、というのが本研究の第二かつ直接的な動機である。

　古来、多数の注解者たちは、マタイ福音書はその記者や属する共同体がユダヤ教と袂を分かった後に書かれたと考えてきた。20世紀後半以降でもGeorg Strecker[9]、Wolfgang Trilling[10]、David E. Garland[11]、Graham N. Stanton[12]、Ulrich Luz[13]らは、福音書記者マタイがユダヤ教から完全に分離しているという説に立っている。

---

[7] 本研究においては「マタイ」は、マタイ福音書を指す場合と、その執筆者である福音書記者マタイを指す場合がある。

[8] D. Senior, "Matthew at the Crossroads of Early Christianity: An Introductory Assessment", in D. Senior (ed.), *The Gospel of Matthew at The Crossroads of Early Christianity*, Leuven: Peeters, 2011, pp. 6-15.

[9] G. Strecker, *Der Weg der Gerechtigkeit. Untersuchung zur Theologie des Matthäus*, Göttingen: Vandenhoek & Ruprecht, 3.Aufl., 1971, pp. 15-35.

[10] W. Trilling, *Das wahre Israel: Studien zur Theologie des Matthäusevangeliums*, Leipzig: St. Benno, 1959.

[11] D. E. Garland, *The Intention of Matthew 23* (NovTSup 52), Leiden: Brill, 1979, p. 45.

[12] G. N. Stanton, *A Gospel for a New People: Studies in Matthew*, Edinburgh: T&T Clark, 1992, pp. 113-145.

[13] U. ルツ著、小河陽訳『マタイによる福音書（1-7章）』（EKK 新約聖書註解 I/1）、教文館、1990年、77-91頁。

序　論

　一方で、William D. Davies & Dale C. Allison[14]、J. Andrew Overman[15]、Anthony J. Saldarini[16]、David C. Sim[17] らは、マタイがいまだユダヤ教の枠内（intra muros）[18] に留まっていると論じている。前者がいわば定説の位置を占める一方で、後者は今日学界内に一定の認知を得、支持者を増やしつつあるテーゼである（これら研究史の詳細については第 2 章において扱う）。

　福音書記者マタイがユダヤ教から分離して、すでにキリスト教という新しい宗教に身を置いているという主張は、とりわけ、マタイ 28:18-20 における「天においても地においてもすべての権威が私に与えられた。それゆえ（あなたがたは）行ってすべての民を弟子とせよ、彼らに父と子と聖霊の名において沈めをなし、私があなたがたに命じたところのすべてを守るように教えよ。見よ、世の終わりに至るすべての日々に、私はあなたがたとともにいる」[19] というイエスの言葉、いわゆる「大宣教命令」を頂点とする、「救済史」的モデルをマタイ福音書中に読み取ることによって根拠づけられてきた[20]。しかしそれは、福音書そのものの内部から出てきた構図というよりも、新約聖書正典内の諸文書の内容的整合性を前提に、正典内の他の文書の思想的枠組みを無自覚にマタイにあてはめたものであるように思われる。

14　W. D. Davies & D. C. Allison, *A Critical and Exegetical Commentary on the Gospel According to Saint Matthew 19-28* (ICC Vol. 3), Edingburgh: T&T Clark, 2004, pp. 692-707.

15　J. Andrew Overman, *Matthew's Gospel and Formative Judaism: The Social World of the Matthean Community*, Minneapolis: Fortress, 1990.

16　A. J. Saldarini, *Matthew's Christian-Jewish Community*, Chicago: University of Chicago Press, 1994.

17　D. C. Sim, *The Gospel of Matthew and Christian Judaism: The History and Social Setting of the Matthean Community*, Edinburgh, T&T Clark, 1998.

18　次章において詳述するが、G. Bornkamm の当初の主張を嚆矢とする、マタイ福音書の記者あるいはその背景とする共同体が福音書執筆の時点でいまだユダヤ教の内部にあったと見る立場は、近年「intra muros（壁の内側）説」として総称される。

19　以下、本研究における聖書本文は、断りがある場合を除いてすべて私訳を用いる。

20　E. シュヴァイツァー著、佐竹明訳『マタイによる福音書』（NTD 新約聖書註解 2）、ATD・NTD 聖書註解刊行会、1978 年、315-316; 742; 747-749 頁、および D. ヒル著、大宮謙訳『マタイによる福音書』（ニューセンチュリー聖書注解）、日本キリスト教団出版局、2010 年、441-443 頁参照。

新約諸文書の中で、救済史的歴史観を明確に打ち出しているのは、使徒パウロによる書簡であり、なかでもローマ書がその典型である。そこにはおおよそ以下のような主張が述べられている。神に対する背きという罪を犯した人間が神に立ち返るための道として、選民イスラエルに律法が与えられたが、それによってはむしろ人間の罪が顕わになるばかりであった。そこで、イエス・キリストによって「信による義」が啓示されたが、イスラエルはそれを拒絶し、むしろそれを受け入れたのは異邦人であった。しかしイスラエルも神によって退けられたのではなく、「信による義」によって異邦人とともに、神に受け入れられ救われる、というのである。

また、このような展望が、歴史的枠組みとしてより意識的に描かれているのがルカ福音書と、その続編である使徒言行録である。これらいわゆる「ルカ文書」には、天地創造から終末までの人類史を、神の介入によって救済へと導かれる「救済史」として捉える歴史認識がその根底にある[21]。この歴史認識に基づき、ルカは宣教の段階的発展という図式に沿って「歴史」を描こうとしている[22]。

パウロやルカのような救済史的歴史認識は、その後、キリスト教神学において中心的な位置を占めるようになって現在に至るのであるが[23]、じつはこのような救済史的理解はマタイ福音書の中に自明のものとは言えない[24]。そ

---

21 上村静、前掲書、279-280 頁。
22 （異邦人宣教について）「ルカはその救済史的構想のゆえに、段階的発展を前提している。そのために救いのメッセージの普遍主義的宣教は、旧約での予告の後イエスの在世中にはただ間接的に暗示されるだけであり、原始教会においても、ある過渡的な時期を経てからようやく推進されるのである」（F. ハーン著、勝田英嗣訳『新約聖書の伝道理解』、新教出版社、2012 年、170 頁）。
23 一例として、上沼昌雄「救済史的理解をめぐって」、『福音主義神学』（日本福音主義神学会）11 号、1980 年、3-21 頁は、救済史神学の代表的論者の一人である Oscar Cullmann を例にとり、キリスト教神学における救済史的理解の意義およびその限界と問題点について論じている。
24 David Howell はさらに、「救済史」という思想的枠組み自体が 20 世紀神学の産物であり、そのような先入観を新約諸文書にあてはめることは適切ではないと指摘している（D. B. Howell, *Matthew's Inclusive Story: A Study in the Narrative Rhetoric of the First Gospel* (JSNTS 42), Sheffield: Sheffield Academic Press, 1990, pp. 55-92）。

れはむしろ、マタイがパウロやルカと同一の神学的思想をもった文書であるという前提を自明のものとすることから生まれる仮構ではないだろうかと疑うことができよう。マタイ福音書が「キリスト教」という単一の思想に立った文書であるという前提は、それ自体検証されるべきことがらである。この前提をはずして考察するとき、マタイ的「キリスト教」の「ユダヤ教」からの分離を表しているとされてきた、福音書に記された論争的な表現や、ユダヤ教の指導者たちに対する厳しい非難は、「キリスト教」対「ユダヤ教」という構図を離れて、まったく異なる様相を見せることになる。

本研究は、マタイ福音書に「イスラエル宣教から異邦人あるいは諸民族宣教への転換」という救済史的転換モデルを読み込むことへの批判的検証を行い、そこから遡って、そもそもマタイ福音書がなぜ書かれたのかという、執筆意図を問う。その際、マタイ福音書が示す宣教観や律法観について、主に編集史的分析によって読み解くことを通して（次項参照）、その執筆意図への接近を試みる。そして、このプロセスを通して、福音書記者マタイがユダヤ教とキリスト教の間のどこに立っているのか、その自己理解について考察する。その際、本研究は、上述のとおり近年学界に一定の支持を集めつつある intra muros 説を手掛かりとし、その説を補強する新しい視点を加えることを試みるものである。

ユダヤ教からキリスト教へという救済史的転換モデルは、キリスト教の正統性を弁証するために用いられる一方で、ユダヤ教に対する偏見さらには蔑視や敵意を産み出し、あるいは正当化するために用いられてきた。近年の、マタイ福音書をユダヤ教の枠内（intra muros）に置こうとする釈義家たちの試みは、キリスト教の正統性についての弁証を、そのような偏見、蔑視、敵意から切り離そうという意図に根ざしており、それはヨーロッパ史の暗部に連綿と受け継がれ、19世紀以降のアンチセミティズム、そしてかの第二次世界大戦中にナチス・ドイツによって行われた非道のユダヤ人虐殺に極まったユダヤ人差別への反省にたって、それを乗り越えようという誠実な学問的営みの帰結でもある[25]。本研究も、このような営みの末端に連なるものである。

---

25 もちろんこのような意図は、マタイがユダヤ教とすでに分離しているという説をとる

2. 研究の方法と展開について

　本研究において主に用いる分析方法は、いわゆる通時的分析、なかでも編集史批判的方法である。これは、福音書を伝承や文書資料からなる集積物と見なし、かつ、福音書記者による神学的意図を反映した編集によって構築された著作物であるとする視点にたって、その編集傾向に表された執筆意図を問うという方法である。また、マルコ優先説とイエスの語録資料であるＱ資料の存在を仮定する、いわゆる二資料説（右図参照）[26]を前提とする。これらの方法を用いるのは、テクストから福音書記者の執筆意図や歴史的状況を再構成する方法だからである。

　本研究における各章の概要は以下のとおりである。

　第1章では、マタイ福音書がキリスト教文書であるという研究史上の前提が、近年に至って問い直されるようになってきた経緯を概観し、問題の所在を明らかにするとともに、各福音書の背景に福音書記者が属する信仰共同体を想定するという、編集史批判におけるこれまでの定説を問い直す。

　第2章では、マルコ福音書と比較して、マタイ福音書の編集上の特徴について考察し、マタイによるマルコ「改訂」の意図が、単なる語録資料Ｑと福音書資料（マルコ）との統合・調停を超えて、何を強調しようとしているかを明らかにする。そしてこの、マタイ福音書の編集的特徴の整理を通して、以下の研究のための観点（マタイ福音書における「律法遵守の強調」、「異邦人（宣教）への両義的姿勢」、そして「ファリサイ派批判」）を準備する。

　　学者たちの間にも広く共有されている。中でも管見ではUlrich Luzによる大部の注解書は、マタイ研究の代表格であると同時に、アンチセミティズムの克服という明確な意図においても規範的な書物である。

[26] マタイ、マルコ、ルカの、いわゆる共観福音書は、現在新約聖書に配置されている順序で執筆されたわけではなく、マルコ福音書が最初に執筆され、マタイとルカ両福音書は、マルコとＱ資料に加え、それぞれの独自の資料（文書あるいは口頭伝承）を組み合わせて、執筆されたとする説。G. タイセン著、大貫隆訳『新約聖書――歴史・文学・宗教』、教文館、2003年、44-49頁。二資料説をめぐる批判や議論については、たとえばM. Ebner und S. Schreiber (Hg.), *Einleitung in das Neue Testament*, Stuttgart: Kohlhammer, 2. Aufl., 2013, pp. 76-85 を参照。

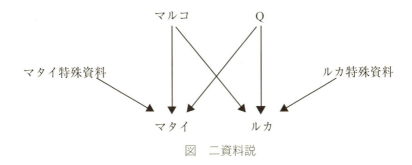

図　二資料説

　第3章ではまず、「律法遵守の強調」が示すマタイの律法観について、この問題のキーワードである「すべて」（πᾶς）という用語の用例研究およびそれが用いられる文脈の釈義的研究を通して明らかにし、マタイが「イエスが示した解釈に基づく律法の逐条的遵守」を福音書の中心課題として位置づけていることを論証する。それとともに、マタイの宣教対象である「すべての民」（πάντα τὰ ἔθνη）がユダヤ人と異邦人（非ユダヤ人）の双方を含むことを示す。

　第4章ではこれを受けて、マタイ21:43のἔθνοςの指示内容を検証することを通し、福音書記者の宣教観について考察する。21-22章に、21:43を囲むように配置された三つのたとえの釈義を通じ、マタイが終末の切迫という危機意識のもと、律法遵守に基づく神の民イスラエルの再編を宣教における喫緊の課題と認識していることを明らかにする。

　続く第5章では、別の点からマタイの宣教観について考察する。マタイにおける両義的な異邦人像や、マタイ10:5-6における異邦人宣教の禁止およびイスラエル宣教への集中と28:19-20における諸民族宣教への派遣がどのように整合するかを、研究史上定説とされてきた救済史的転換モデル（福音書記者マタイは、イスラエルに対する宣教から異邦人宣教、または異邦人とイスラエルの双方を含む諸民族宣教への転換という自身の現実を、イエスの復活を契機にイエスと弟子たちの宣教がイスラエルから異邦人へと拡大していった歴史に重ねることによって弁証しようとしているという説）ではなく、

神の国の再編というテーゼから説明することを試みる。

　第6章では、マタイ福音書の「律法遵守の強調」、「異邦人（宣教）への両義的姿勢」、そして「ファリサイ派批判」すべてにかかわるキーワードとして、マタイが論敵を非難するために特徴的に用いている「不法」(ἀνομία)の語をとりあげ、この語が示すマタイの世界認識と危機感について考察する。

　第7章では、救済史的転換モデルをマタイ福音書に適用することの問題点につき、パウロ書簡、マルコ福音書、そしてマタイ福音書の関係性から、前章までに考察した内容（律法遵守に基づく神の国の再編と「不法」(ἀνομία)への危機感）を踏まえて、福音書記者マタイがマルコ福音書の改訂により新しい福音書を生み出さなければならなかった事情について考察する。

　本研究では、これらの論考を通して、マタイ福音書の執筆動機が、研究史の中で従来マタイ福音書にあてがわれてきた救済史的構想に基づいているのではなく、むしろそれとの対峙であると示すことを目的とする。

　すなわち、福音書記者マタイの執筆意図とは、救済史的に正当化された異邦人宣教の進展によって生じている律法遵守の軽視あるいは留保という風潮に対し、律法遵守を重視する正統的ユダヤ教の立場からの危機感にたって完全なる福音書を執筆することにより、宣教の方向修正に挑むことであるというのが本研究の作業仮説であり、以下では、編集史的批判によって福音書記者マタイの律法観および宣教観を明らかにすることを通して、この仮説を検証していく。

　これらの考察の過程において、福音書記者マタイの自己理解についても明らかになるであろう。

第 1 章　研究史

　本章では、序論で述べた問題意識にたって、マタイ福音書の成立経緯とその執筆意図を問う研究がどのような傾向をたどってきたかを整理することにより、そこに残された課題を見出し、本研究の基点を据えることを目的とする。

　マタイ福音書がキリスト教文書であるということは、本福音書が題名のとおり使徒マタイの手によって創作された著作[1]であると理解されていた時代には、問われるまでもない「事実」であった。しかし、そのような前提が、序論で述べた近代聖書学の発展によって崩されてからも、近年に至るまで、マタイ福音書がユダヤ教の枠組みを離れたキリスト教共同体の所産であるという見解は学界においてなお主流を占めてきた[2]。

1　この福音書の著者を使徒マタイと同定する根拠は後述のパピアス証言（本章注 11）に求められてきた。また、9:9 においてこの福音書がイエスの弟子として召し出される徴税人の名前を、マルコ資料（2:14）を改変してマタイとしていることにも求められてきた。しかし、ルツ『マタイ（I/2）』、65-67 頁は、まさにマタイ 9:9 ＝マルコ 2:14 こそがマタイ著者説の反証であると論じている。Luz の指摘の通り、本人が自らの召命記事を他の資料に依拠することは考えられない。

2　例として、佐藤研『はじまりのキリスト教』、9 頁、「ユダヤ教から別れた『キリスト教』諸派が己を確立する上で最大の重要事としたこと、それはもはや『トーラー』ではなく、『イエス・キリスト』である。そのために、この『イエス・キリスト』理解のためには多大な尽力が払われた。今に残るその最重要の成果がいわゆる『福音書』、つまりイエス物語の成立である。一世紀の最後の三十年の間、『マルコ』『マタイ』『ル

その根拠は主に二通りある。一つは福音書記者マタイの出自を、ユダヤ教の枠組みから離れた異邦人に求めることであり、もう一つはマタイ福音書執筆の背景にある状況をユダヤ教からの分離に置くことである。

1.1 マタイ異邦人説について

マタイ福音書がキリスト教文書であることは、福音書記者が異邦人キリスト者であるという理解や、福音書執筆の母体となった共同体が異邦人キリスト者によって構成される教会であるという理解に立つ場合は自明のこととなる。その場合にはしかし、福音書中に見出されるユダヤ教的要素に対する説明が必要となる。

Strecker は、ユダヤ教的要素を伝承に属するものとして、マタイ自身の意図を反映した編集と分けることによって説明した。マタイは神学的立脚点 (theologischer Standpunkt) において異邦人であり、自身が属する異邦人教会という文脈にあって、その神学的、倫理的目的に合致する限りにおいてユダヤ的伝承を受け入れているのであるという[3]。

Trilling もまた、福音書のユダヤ的要素を共同体の成立過程に還元するが、それらの伝承が保持されていることは、異邦人中心の共同体がいまや自らを「真のイスラエル」と任じていることを現しているという。しかし Strecker とは異なり、Trilling はこの「真のイスラエル」にとってユダヤ教的要素は

カ』『ヨハネ』と呼びならわされている四人のイエス物語作者たちが、それぞれの視点と状況、および思想的構想に基づき、主として自らの関わる共同体を念頭に置き、固有のイエス像を刻んでいった」、および、W. マルクスセン著、辻学訳『福音書記者マルコ 編集史的考察』、日本キリスト教団出版局、2010 年、10 頁、「こうして〔編集史的研究によって〕我々は、福音書が成立した教会共同体の状況を問うているのである。教会は必ずしも、地域的に限定されたものとして想定しなくても良い。もっとも、それを厳密に定めることができる可能性も念頭に置いておく必要はあるが、より関心をひくのは、この教会共同体において典型的なもの、教会の物の見方、その時代、また場合によってはその構成である」（原著 W. Marxsen, *Der Evangelist Markus*, Göttingen: Vandenhoek & Ruprecht, 1959）。

3　Strecker, op. cit., pp. 20-21.

1.1 マタイ異邦人説について

いまだ重要性を保っているがゆえに、この福音書の読者と著者は典型的なユダヤ人キリスト者とも典型的な異邦人キリスト者ともいえないとしている[4]。

このような、マタイを異邦人キリスト者とみなす説は古来一定の支持を得てきたが、この前提が困難であることは、著者自身がもつユダヤ的伝統への特別な関心から証明される。

第一に、旧約聖書からの多数の引用[5]は、福音書記者マタイ自身が旧約聖書の権威を認めていたことの証左であり、それはユダヤ的背景をもたない異邦人キリスト者には考えにくい姿勢である。とくに、イエスの誕生、宣教、奇跡、受難などの出来事を、旧約聖書の預言を引用することで、その実現として描く「成就引用」はマタイ福音書に際立っている[6]が、これは旧約聖書の預言の権威を前提としなければ意味のないことである[7]。

第二に、マタイ5:17-20に象徴され、福音書全体を通して主張される律法の完全な遵守への志向[8]は、福音書記者マタイのユダヤ人としての背景をうかがわせる。

第三に、メシアであるイエスが古代イスラエルの最大の王ダビデの再来であることの主張である。マタイ21:1-11における、群衆の「ダビデの子にホサナ」という歓呼の声に彩られたイエスのエルサレム入城は、マルコ11:1-11に基づく記事であるが、これに続きイエスが神殿から商人たちを追い出す場面とその帰結(マタイ21:12-17。マルコ11:15-19に基づく)において、マタイは子どもたちの口に「ダビデの子にホサナ」の叫びをのぼらせている。さらにマタイは福音書の冒頭(1:1-17)において、イスラエルの系図におけ

---

4 (マタイ福音書の)「読者および最終著者は、典型的なユダヤ人キリスト者とも典型的な異邦人キリスト者とも異なる思想傾向を示している」(Trilling, op. cit., p. 224)。

5 序論注6(本書13頁)参照。

6 マタイ1:23「インマヌエル預言」(イザヤ7:14; 8:8, 10)、4:15-16「ガリラヤにおける宣教」(イザヤ8:23-9:1)、8:17「病気治癒」(イザヤ53:4)、27:9-10「銀貨30枚で売り渡されるイエス」(ゼカリヤ11:12-13)など。

7 使徒パウロもまた、旧約聖書を多数引用しつつ、しかし成文律法から自由である異邦人宣教の正当性を弁証しようとするが、彼自身の出自はユダヤ人、しかも律法遵守に重きを置くファリサイ派である(フィリピ3:5参照)。

8 第3章において詳述。

るイエスの位置づけを確認することで「ダビデの子」イエスを印象付ける。「ダビデの子」表象は、結局 22:41-46（マルコ 12:35-37 に基づく）において、イエスが旧約の記事（詩編 110:1）を引いて「このようにダビデが彼〔キリスト〕を主と呼んでいるのであれば、どうして〔キリストが〕その子であろうか？」（マタイ 22:45）と述べることによって乗り越えられることになるが、それまでの間、「ダビデの子」像は物語を牽引する主要なモチーフとして機能すべく、福音書記者によって物語内に周到に配置されていると考えられる[9]。このようなダビデ像への依拠は、イスラエルにルーツを持たない異邦人には考えにくいことである。

1.2　ユダヤ教からの分離？　マタイ福音書成立の背景

　次に、マタイ福音書がキリスト教文書であることは、その背景あるいは成立動機としての、ユダヤ教からの分離という状況に基づいて論じられてきた。この説の妥当性の検証にあたっては、まず、マタイ福音書の成立年代を考察することが必要となる。

　マタイ福音書の成立年代については、二資料説をもとに、マルコ福音書の成立を上限と考えることができよう。マルコ福音書の成立は、ローマ帝国に対するユダヤ民衆の蜂起であるユダヤ戦争の帰結として、紀元 70 年にエルサレムの都と、その神殿が破壊されたことに関係しているという説が有力である[10]。マタイ福音書成立年代の下限を厳密に定めることは困難だが、少な

9　澤村雅史「マタイによる福音書 21 章 14 節に関する一考察」、『広島女学院大学国際教養学部紀要』（広島女学院大学国際教養学部）1 号、2014 年、21-27 頁。

10　マルコ 13:1 の神殿崩壊予告と、それに続く様々な災厄の描写は、70 年の神殿崩壊とユダヤ戦争の悲惨な状況を背景としていると考えられることから、また、13:4 の「憎むべき破壊者が立ってはならない所に立つのを見たら」という言辞はエルサレムを占領し破壊したローマの将軍ティトゥス（後の皇帝）のことを指しているという考えから、マルコの執筆を 70 年以後とする説は有力である（川島貞雄『マルコによる福音書──十字架への道イエス』（福音書のイエス・キリスト）、日本基督教団出版局、1996 年、34-35 頁など）。一方で、神殿崩壊以前にマルコの成立を置く説も根強い（W. マルクスセン著、渡辺康麿訳『新約聖書緒論──緒論の諸問題への手引』、教文館、

1.2 ユダヤ教からの分離？ マタイ福音書成立の背景

くとも、ヒエラポリスの司教パピアスの証言に「一方マタイはヘブライのディアレクトスによって、〔主の〕言葉を集成し、各々はその能力に従ってそれらを釈義した」（Ματθαῖος μὲν οὖν Ἑβραΐδι διαλέκτῳ τὰ λόγια συνετάξατο, ἡρμήνευσεν δ᾽ αὐτὰ ὡς ἦν δυνατὸς ἕκαστος.（エウセビオス『教会史』第三巻 39:16 私訳））[11] とあることから、その成立年代である紀元 130-140 年より下ることはないと考えられる。また、『イグナティオスの手紙──スミルナのキリスト者へ』1:1[12] にはマタイ 3:15 への言及を認めることができると考えられるため、福音書の成立年代はイグナティオスが殉教したと伝えられる 110 年以前ということになる。さらには、エルサレム崩壊という事件は、マタイ福音書の成立にも影響していると考えられるため[13]、それより遠くない時期（80-90 年代）を成立年代とすることを多くの研究者が支持している[14]。我々もこ

1984 年、252 頁など）。

11　エウセビオス著、秦剛平訳『教会史』上巻、講談社、2010 年、213 頁は Ἑβραΐδι διαλέκτῳ を「ヘブル語で」と訳するが、中野実『マタイの物語を味わう──救いとつまずきの間を歩む民』、日本聖書協会、2008 年、9 頁は διάλεκτος を方言と解釈すればアラム語が含まれる可能性があること、また、そもそもマタイ福音書の整ったギリシャ語からはパピアス証言が不確かである可能性があることを述べている。ルツ『マタイ (I/1)』、78 頁は Ἑβραΐς に定冠詞が無いことに注目し、Ἑβραΐδι διαλέκτῳ は「ユダヤ的叙述方法で」と解されるべきであると指摘している。R. H. Gundry, *Matthew: A Commentary on His Handbook for a Mixed Church under Persecution*, Grand Rapids, MI: Eerdmans, 1994, pp. 619-620, 634 も、「ヘブライのディアレクトス」とはヘブライ語のことではなく、マタイがミドラシュ的、ハガダー的形式で書いているということを意味していると述べる。

12　八木誠一訳「イグナティオスの手紙──スミルナのキリスト者へ」、荒井献編『使徒教父文書』、講談社、1998 年、200 頁参照。

13　ルツ『マタイ (I/1)』、96 頁はマタイ 22:7「そこで王は怒りその軍勢を送り、かの人殺しどもを滅ぼし、彼らの町を焼き払った」をその根拠に挙げている。中野、前掲書、3-4 頁も同様。

14　G. タイセン、前掲書、152-153 頁もまた、エルサレム崩壊を受けたマルコ福音書の成立（タイセンは 75 年頃と推定）と、『イグナティオスの手紙』から、マタイ福音書の成立を 80-100 年頃と推定する。C. S. Keener, *Matthew* (IVP NTC), Downers Grove, IL: IVP, 1997, p. 34 はやはりユダヤ戦争を根拠に 70 年代後半を想定する。一方、マルコ福音書の成立をエルサレム崩壊以前に想定した場合には、マタイ福音書の成立もより早

の見解を支持したい。

さて、マタイ福音書の成立年代を 80-90 年代と推定するにあたっては、エルサレム崩壊という事件の影響に加え、ユダヤ教との関係がその鍵とされてきた。Rudolph Schnackenburg は、ユダヤ教との分離を根拠にマタイ福音書の成立を 85-90 年と推定している[15]。

中野実はやはり、「キリスト教（少なくともマタイの教会）」が「同時代のユダヤ教とかなり厳しい関係（対立関係）に入っていた」[16] ことから、マタイ福音書の成立をおよそ 90 年代としている。

Luz はマタイ福音書が「イスラエルとの断絶という悲痛な経験を間近に回顧している」と考えられることを根拠に、「80 年より相当後の時代をマタイ福音書に見積もってはならないであろう」としている[17]。

先に我々は、マタイ福音書の成立年代を 80-90 年と推定することに同意したが、ユダヤ教との分離をその根拠とするこれらの説には疑問を呈し、次項において批判的に検証したい。

1.3 「イスラエル宣教」の終結？

福音書記者マタイおよびその属する共同体がユダヤ教との分離をすでに果たした状態にあることは、マタイ福音書にユダヤ教との精神的距離をうかがわせる言葉や、イスラエルへの厳しい裁きの言葉がみられることによって根拠付けられてきた。

Garland[18] は、マタイ 23 章に連ねられた律法学者およびファリサイ派批判

い年代を想定することが可能であるため 70 年以前を主張する研究者もいる（例として Gundry, op. cit., pp. 599-609。また、Nolland, op. cit., pp. 14-16 はマタイが 24 章においてエルサレムの破壊をなお未来のこととして描いていると述べ、マタイ福音書の執筆は 70 年以後ではありえないと論じている）。

15　R. Schnackenburg, R. R. Barr (trans.), *The Gospel of Matthew*, Grand Rapids, MI: Eerdmans, 2002, p. 6 はやはりユダヤ教との分離を根拠に 85-90 年を推定する。
16　中野実、前掲書、3-4 頁。
17　ルツ『マタイ (I/1)』、98 頁。
18　Garland, op. cit., pp. 210-215.

1.3 「イスラエル宣教」の終結？

を詳細に検討し、二人称の指示対象が8節（弟子たち）と13節以降（律法学者とファリサイ派）で錯綜していること、裁きの宣告対象が36節において「これらのことの結果はすべて、今の時代の者たちにふりかかってくる」というように拡大していること、さらにはそれが37-39節においてエルサレムの都に向けられること、などの観察から、23章の告発は律法学者とファリサイ派、さらには彼らに代表されるイスラエルの指導者にとどまらず、民全体に向けられていると結論づけている。この告発はエルサレム破壊という出来事へのいわば神義論的問い、そしてイエスの十字架刑およびその使徒たちへの迫害という現実に根ざしており、エルサレム破壊は神の子と預言者への迫害に対する最終的な神の審判とイスラエル拒絶を意味しているという。マタイの意図はしかし、イスラエルを攻撃することではなく、すでに起こった破壊の出来事をキリスト教的に解釈することにある。その解釈は、イスラエルという民全体は神により棄てられたという結論を導き出すが、それは個々のユダヤ人が救済から排除されていることを意味しない。救済はイエスを信じその戒めを守るか否かにかかっているのであり、このイスラエルの裁きと信仰への勧告は翻って教会に属する者たちに向けられる警告となるのである、と Garland は論じている。

　Stanton[19] は、自身の立場を「調停的」（mediating position）と言い表し、マタイの共同体がすでにユダヤ教と袂を分かち、いかほどかの異邦人メンバーを抱えている状況を想定する。マタイ福音書のユダヤ教に対する論争的な内容は、マタイの共同体が extra muros（ユダヤ教の枠外）にありながら、なお何らかの論争的交渉を有していたことを示しているというのである。マタイの教会内には異邦人宣教に否定的な意見もあったことは10:5-6の、イエスが弟子たちに宣教のイスラエル集中を命じる箇所から推察されるが、マタイはそのような意見に譲歩せず、復活の主が今や神的権威をもってすべての民を弟子とせよと命じる場面を福音書のクライマックスに置く。復活によって新しい時代が始まったことをマタイ福音書は告げている、と Stanton は論じ

19　Stanton, op. cit., p. 126.

ている[20]。

　Luz は、研究史上、マタイが異邦人キリスト教会に属することの根拠とされてきた「異邦人伝道を肯定し、イスラエルを険しく排撃する」といった傾向は、むしろユダヤ人キリスト教徒にこそふさわしい姿勢であると主張する[21]。マタイにとって、第一次ユダヤ戦争の帰結として紀元 70 年にエルサレムが破壊されたことは、イエスとその宣教(つまりは、それらを伝えるマタイ自身の宣教)を受け入れなかったイスラエルに対する神の審判なのであり、マタイはこの審判の出来事をきっかけとして異邦人伝道という「未到の岸」への出発を決断したのである。そして、この新しい決断を自らが属する共同体に対して弁証する意図こそがマタイ福音書執筆の主要な動機のひとつであると、Luz は論じている[22]。すなわちマタイは「イスラエルにおける宣教に終止符を打つに至った」のであり、「彼らの」あるいは「あなたがたの」シナゴーグおよび律法学者という表示(4:23; 7:29; 9:35; 12:9; 13:54; 23:34)は、「教会とシナゴグの間の断絶は最後的なものである」[23] ことを明らかに示しているという。後に Luz は、この断絶という悲痛な経験を、マタイが間近に回顧しているという立場をとることをやめ、しかし、福音書の執筆時期は 80 年代より相当後の時代に置くことはできないという立場については維持し、「マタイ福音書はイスラエルの多数派によるイエスへの否に対する答えである。この危機と過渡期にあって、共同体の立場を規定し、アイデンティティを形成・保持することに寄与することでこの否に折り合いをつける試みなのである」[24] と述べている。

　これらの説が示す、狭義の「イスラエル宣教」の終結、すなわち、神の民イスラエルが退けられ異邦人がその地位を占める、あるいはイスラエルから異邦人(またはユダヤ人と異邦人の双方を含む諸民族)へと「キリスト教」

20　Ibid., pp. 139-140.
21　ルツ『マタイ (I/1)』、77 頁。
22　同書、84-86 頁。
23　同書、89-90 頁。
24　U. Luz, J. E. Crouch (trans.), *Matthew 1-7: A Commentary*, Minneapolis, MN: Fortress, 2007, p. 55.

1.3 「イスラエル宣教」の終結？

の宣教対象が広がっていったという救済史的転換モデルは、序論において論じたように、パウロ書簡やルカ福音書が示す救済史に整合し、また、異邦人に関してマタイ福音書中に見られる矛盾要素の並立についても説明しうるという点から、学界においては主流の位置を占めてきた。マタイ福音書には、一方で異邦人に対する否定的な評価（異邦人のようなふるまいを否定的に例示する 5:47; 6:7, 32 や、宣教活動における異邦人との軋轢を示す 10:18, 22 といった箇所）がなされ、他方では好意的な異邦人像が繰り返し現れる（ユダヤの傀儡王ヘロデや祭司長および律法学者といった宗教的エリートが発見できないメシアを探し当てて拝謁する東方の賢者たち（2:1-12）、イエスによってその権威への服従を賞賛されるローマの百人隊長（8:5-13）、同様に信仰を賞賛されるカナンの女性（15:21-28））という矛盾が観察されてきた。そして、その矛盾の最たるものは、「異邦人の道に逸れて行くな。また、サマリア人の町に入るな。むしろ、イスラエルの家の失われた羊に向かって行け」（マタイ 10:5-6）という異邦人宣教の禁止および宣教のイスラエル集中と、いわゆる「大宣教命令」（28:19-20）との間に見出されてきたのであるが、この矛盾の説明は、研究史上おもに、イエスの十字架と復活における救済史上の一大転換に求められてきた[25]。地上のイエスは異邦人宣教を禁じ、宣教のイスラエル集中を命じたが、復活のイエスは今や、世界中のすべての民への積極的な宣教を命じたのであり、福音書記者マタイとその共同体が目下取り組んでいる異邦人宣教は、このイエスの「大宣教命令」に基づいているというのである。そして、特定の異邦人に対する好意的な評価は、復活後のイエスの宣教指針、さらにはマタイ自身の異邦人宣教推進という意図の予示的反映[26]であると見なされてきた。

しかし、このモデルが前提とする「イスラエル宣教」の終結については、キリスト教的前提を留保してマタイ福音書テクストそのものの中に明確に読み取ることは難しい。むしろこのような解釈は、ルカ福音書やパウロ書簡それぞれに顕著である救済史的枠組みを、マタイ自身の神学的意図を踏み越え

25　D. A. Hagner, *Matthew 14-28* (WBC 33B), Dallas, TX: Word, 1995, p. 887; Keener, op. cit., p. 202; Nolland, op. cit., p. 415, 1264-1265.

26　5.3, 本書 124 頁参照

て適用しているに過ぎないのではないか、ということは問われなければならない。

　国内の研究者のうち、小河陽は、マタイ福音書のなかに直線的で秩序だった救済史観を読み取ることについては否定する一方で、イエスの死と復活は、イエスの生涯を完成し「新しい時」を開始する出来事であるという救済史的視点の存在を論じている[27]。マタイ福音書が示す、ユダヤ教権威者への激しい敵意（「まむしの子ら」（3:7; 12:34; 23:33）、「悪」（9:4; 12:34; 22:18）など）は、マタイ福音書の成立当時、ユダヤ戦争後の民族的危機にあって、マタイの共同体を含む「キリスト教徒」が、律法遵守という紐帯によって結びつけられた民族的連帯性を破壊する因習破壊者と断ぜられ、「正統ユダヤ教徒」からの激しい敵意にさらされていたということを示していると小河は述べる。その帰結であるユダヤ人伝道の不成功を経験したマタイの共同体が向かう先は、異邦人伝道である。マタイ福音書は「ユダヤ人伝道の一時期の終わりを画し」、まさに着手されようとする世界宣教に向けての「白書」として執筆された[28]。マタイ福音書が示す歴史認識において「異邦人が教会に参加しうるのは復活後」[29]に限られるのは、この世界宣教への着手開始という事情を反映しているというのである。小河による、直線的な救済史をマタイ福音書に読み込むことの問題性への指摘は、我々の観察と一致している。一方で、マタイ福音書が示す論敵への激しい敵意が「正統ユダヤ教徒」と「キリスト教徒」の対立を反映していると図式化することについては、疑問を呈したい。次項1.4に述べるように、この対立をアイデンティティ確立と正統性をめぐるユダヤ教内の争いと捉えることも可能だからである。

　角田信三郎は、小河説は救済史の直線的図式化を批判してはいても、結局宣教の二段階説を脱していないと批判し、マタイ福音書は、著者の属する共同体の中に存在した、排他的イスラエル宣教と開かれた異邦人宣教という、二つの立場を調停する意図を持って執筆されたと主張する。そして、マタイ福音書においては、「弟子」というモチーフによって、ユダヤ人と異邦人の

27　小河陽『マタイ福音書神学の研究』、教文館、1984年、32-147頁。
28　同書、390-391頁。
29　同書、134頁。

1.3 「イスラエル宣教」の終結？

対立の止揚が目指されているという[30]。それは「マタイの教団はすでに異邦人のメンバーを受け入れていたが、まだユダヤ教との関係は決定的には断たれていない」という状況において、外部の論敵に対抗するために、福音書記者マタイは「宣教をめぐる教団内の対立を止揚する実践的一致の可能性を探求しなければならなかった」[31]からである。しかし、ユダヤ人と異邦人との間には律法遵守という、まさに実践に関わる論点が存在していた以上、実践をめぐって両者の立場を止揚するような一致が可能であったとは考えにくい。律法の実践に関する問題は、どちらかが妥協または譲歩することなしに解決を見ない問題であるはずだからである。

田川建三は、やはり 10:5-6; 15:24; 28:18-20 といったテクストを挙げ「マタイ福音書の著者は、異邦人ユダヤ人問題に関してまったく矛盾する態度を示している」と述べている。そして、この矛盾はマタイ福音書記者自身の自己理解においてイスラエルの民族意識とクリスチャンという新しい自意識の両者が未分化のまま存在していることに由来すると指摘している。「教会と民族共同体を同一視する時に、マタイはイスラエル以外に行くなと言うのだが、教会を単なる生まれながらのユダヤ全体とは区別し、選ばれた信仰共同体を同一視する時には、『行ってすべての国民を弟子となし』（28:19）という発言になる」[32]というのである。しかし、このように二通りに観察されるマタイの自己理解を「未分化」とみなすことで解決することは、理論上可能ではあっても、現実の歴史的存在として想定することは困難である[33]。

---

30 「マタイの派遣説教では排他的限定的なイスラエル宣教がいったん意識的に強調されていながら、ついでこれと逆に宣教をめぐる対立的視点からの離脱が進められ、宣教概念の中立化が弟子の道の呈示を通じて行われている」（角田信三郎『マタイ福音書の研究』、創文社、1996 年、43 頁）。
31 同書、44-45 頁。
32 田川建三「マタイ福音書における民族と共同体」、『聖書学論集』（日本聖書学研究所）5 号、1967 年、116-132 頁。
33 角田、前掲書、35 頁の指摘に同意。本研究の第 4 章から第 6 章において詳述するように、福音書記者マタイの自己理解は未分化なのではない。彼は、自分自身を生まれながらのユダヤ人全体から、イエスの解釈に基づく律法の徹底した遵守によって区別しているという意味で、まさに自身こそ「真のイスラエル」なのである。

1.4　intra muros 説について

　以上に概観してきたような、マタイ福音書はキリスト教文書であるという見解が学界の多勢を占める一方で、同福音書がいまだユダヤ教の枠組みの中にあるという見解は、ようやく1960年代に入って、Günther Bornkammにより議論の俎上に載せられた。Bornkammは当初、マタイはユダヤ教の壁の内側（intra muros）に留まっているという立場をとっていたが[34]、後にこの立場を修正し、マタイ18:19-20「また〔まことに〕あなたがたに言う、もしあなたがたのうち二人が〔互いに〕同意して、地の上でいかなる事柄についても願うなら、私の天の父によって〔願ったことは〕彼らに成る。なぜなら私の名に向かって二人または三人が集まるところに、私はそこに彼らの只中にいるから」は、マタイの属する共同体がすでにユダヤ教から独立していることを強く示していると述べている[35]。しかし、Bornkammの当初の立場は、独立したテーゼとして学界内に受け継がれていくこととなる。

　Overman[36]は、ハスモン朝（紀元前165年のマカベアによるセレウコス朝への反乱を契機として成立）以降のユダヤ教はセクト的性格をもった様々な党派が乱立する状況にあり、そのどれもが自らのみが真に神に忠実な民であるという正統性を主張し、他のグループや既成の権威を頽廃あるいは「不法」と断ずるといった、きわめて多様で複合的な状況にあったと述べている。その中でマタイの共同体は、神の民に対する神の意思と計画を成就した唯一の存在であるイエスの教えに従うことこそが、「真のイスラエル」である正統なユダヤ教徒の進む道であることを主張していた。一方でこの共同体は自らが主流派たりえず、「形成期のユダヤ教」（Formative Judaism）の支配的立場は、神殿崩壊後にそれに代わる聖性を日常生活における祭儀的清浄によっ

34　G. Bornkamm, "End-Expectation and Church in Matthew," in G. Bornkamm, G. Barth and H. J. Held (eds.), *Tradition and Interpretation in Matthew*, London: SCM Press, 1963, p. 22.

35　G. Bornkamm, "Die Binde- und Lösegewalt in der Kirche des Matthäus", in G. Bornkamm und K. Rahner (Hg.), *Die Zeit Jesu (FS H. Schlier)*, Freiburg / Basel / Wien: Herder, 1970, p. 106.

36　Overman, *Matthew's Gospel and Formative Judaism*, pp. 6-34.

1.4 intra muros 説について

てもたらすという主張によりユダヤ民衆の間に支持を広げたファリサイ派[37]によって占められつつあることを認識しており、それがこの福音書がユダヤ教の指導者たちへの批判と自らの正統性を力説する理由であるという。Overman は、共同体内の異邦人はまだ少数派であったが、28:16-20 に示された諸民族宣教の指示や、福音書中に散見される好意的な異邦人像は、この共同体がイスラエルの外に出て行こうとしていることを示している、と述べている[38]。

　Saldarini もまた、ユダヤ教においてラビ的権威が確立したのは数世紀にわたるプロセスにおいてであったことを論じ、その間様々なグループが拮抗し、また、個々の地域において主導権を握っていたのは村落の首長や、財力のある一族や、地域の律法学者など、その地域において影響力をもつ多様な主体であったと述べている。それゆえユダヤ教徒とキリスト教徒の関係も、その全体にエルサレム壊滅を機に決定的に断絶したというような短絡的な構図をあてはめることは適切ではないと Saldarini は指摘する。1 世紀後半には、両者は信者を求める競合関係において、互いの境界線を定めようと模索する状況にあったのであり、すなわち相互に明確に分けられる宗教主体とはなりえていなかった。Saldarini は、社会学的分析によって、マタイの「イスラエル」、「民」、「ユダヤ人」、「群衆」、「この時代」などの用法から、マタイ自身とその共同体がいまだ自らをイスラエルの一部とみなしていると論じている[39]。しかし Overman と同様、マタイ共同体は主流派として勃興しつつあるファリサイ的ユダヤ教からみれば「異分子」と位置づけられる存在であると論じ、「ユダヤ教のうちにあって、マタイの少数派グループは多数派からは異分子とみなされた。マタイのグループはユダヤ的思考や行動において多数派と異なる点をもっていたが、世界観、ふるまい、アイデンティティの点でユダヤ性を失っていなかった。マタイの著者は、多数派に対し、自らの異なるふるまいや世界観について納得させ、異分子ではないことを認めさせようと望ん

37　Ibid., pp. 35-36.
38　Ibid., pp. 150-161.
39　Saldarini, *Matthew's Christian-Jewish Community*.

第1章 研究史

でいる」[40]と述べている。このようにSaldariniはマタイ福音書をユダヤ人キリスト教徒（Jewish Christian）によるものではなく、キリスト派ユダヤ教徒（Christian Jew）によるものであると位置づける。十字架の死と復活によって、終末論的支配者かつ神の子として現れるイエス・キリストは、他のユダヤ教文書からマタイ福音書を際立たせる中心的存在である。しかし、マタイ福音書が明確にユダヤ教と一線を画しているとみなすことは正しくない。福音書記者マタイはあくまでイエスをユダヤ教の範疇において理解可能な仕方で呈示しようとしているのであり、マタイ福音書はその成立時点においては、同時代の多様なユダヤ教の一つという範囲を超え出てはいなかったと考えられる[41]。このような状況のもと、マタイは正統なユダヤ教徒として、ユダヤ教の伝統を解釈し生きることで、ユダヤ人と異邦人の双方から自らの陣営に加わる者を得ようとする意図により福音書を執筆したのである。しかしSaldariniによれば、マタイ福音書において、「民」または「異邦人」と訳されるἔθνοςの語は、ユダヤ教徒と非ユダヤ教徒を分けるといった神学的含意を持たず、両者を律法との関係によって分けることは、パウロ的構図をマタイ福音書に読み込もうとすることに他ならないという[42]。

OvermanとSaldariniによる、マタイ福音書をユダヤ戦争後の正統性をめぐる闘争という背景に位置づけようとする視点を、本研究も方向性として共有したい。しかし、上記のOverman説はマタイ福音書における異邦人への両義的姿勢への十分な説明を提供しえていない点に課題が残る。また、Saldarini説におけるἔθνοςの位置づけについては、批判的検討が必要と考えられる（第4章に詳述）。

Davies and Allison[43]もまた、マタイがユダヤ教の内部に留まっていたと考える。当時の世界では、今日のように宗教を個人的に自由に選択できるような状況と異なり、改宗とは自らがそれまで属してきた世界と文化的にも経済的にも切り離されることを意味した。それゆえ、マタイ共同体は異邦人キリ

40　Ibid., p. 109.
41　Ibid., pp. 191-192.
42　Ibid., pp. 78-81.
43　Davies and Allison, *Matthew 19-28*, pp. 692-704.

スト者と友好的な関係を築いていたとしても、ユダヤ教内の異分子として留まっていたはずであるというのである。また、マタイが示す、ファリサイ派に象徴されるようなユダヤ教の権威（ラビ的権威）に対する不従順は、ユダヤ教からの離反を意味したわけではなく、マタイ福音書の背景に推察されるファリサイ派からの激しい迫害も、マタイがユダヤ教から分離した証拠とみなすことはできないという。それらはむしろ、同じユダヤ教内での方向性の違いに起因するものだというのである。むしろモーセ律法を遵守するマタイ共同体がユダヤ教の範疇にあるということは自他共に認めるところであったはずであると、Davies and Allison は主張する。ユダヤ戦争後、国や精神的支柱である神殿を失ったユダヤ人たちの間では、民族的アイデンティティと結びついた宗教的アイデンティティを再構築することが喫緊の課題であった。その中で主流派の位置を占めたのがファリサイ派であった。彼らは様々な分派を統一し、口伝律法を収集し、暦を整備し、一方で、異分子をシナゴーグから排除した[44]。それは、民の再統一という緊急の目的のために、異分子に対して厳しい姿勢をとることを避け得なかったからである。ユダヤ戦争後の危機的状況への対応において、同じユダヤ教の中でファリサイ派とマタイは異なる方向性を選んだのである。律法への忠誠を基盤とすることは共通していたが、ファリサイ派はラビ・ヒレルという指導者が示す解釈を正統としたのに対し、マタイはイエスの解釈を正統とした。ファリサイ派は、メシアはまだ到来していないとし、終末論的熱狂を鎮めようとしたが、マタイ福音書にはイエスをキリストと信じることによる確固とした終末論的次元が示されている。さらに、イエス運動に加わる異邦人が増えつつある状況において、

---

[44] 現在も敬虔なユダヤ教徒の間で日に3度祈られる祝祷文 Shemone Esrei は、神殿崩壊後に 18 の祈願に整えられたが、その第 12 番目である Birkat HaMinim（異端者への呪い）には当時、「ナザレ人ども（ノツリーム）と分派ども（ミーニーム）」への呪詛が織り込まれていた（蛭沼寿雄、秀村欣二編『ギリシャ、ローマ、エジプト、ユダヤの史料による原典新約時代史』、山本書店、1976 年、546-558 頁、「またナザレ人たちとミーニームは一瞬にして滅び、生命の書から消されて、義しい人びとと共に書き入れられないように」）。現用の祈祷文からは幾度かの改訂を経てこれら異端者への呪詛は取り除かれている。

第 1 章　研究史

　一方ではパウロのように律法を遵守しない異邦人をも教会のフルメンバーとして受け入れる動きがある中で、ユダヤ人と異邦人キリスト者の間に緊張が高まる中、マタイは両者の相克を乗り越えて共同体をひとつにするための答えを出すことを求められていた。ファリサイ派は異邦人との分離の方向を選択したが、マタイは共同体内のユダヤ人と異邦人の調停を目的としたのである（イエスの弟子であり、使徒として活動したペトロがそのリーダーシップのモデルであるという）。マタイが両者の調停を目的にしていたことは、許しや和解の強調（18 章）、新旧の共存（8:17; 13:52）、異邦人宣教への呼びかけの一方で示されるイスラエルの特別な地位（10:5-6; 15:21-28）、割礼へ言及しないこと、などが示していると、Davies and Allison は主張する。

　このように、Davies and Allison は、ユダヤ戦争およびその帰結としての第二神殿崩壊後、ユダヤ教諸派が各々アイデンティティの確立を模索する中、福音書記者マタイは自らの正統性を確立し弁証しようとする一方で、自身が属する共同体内におけるユダヤ人信者と異邦人信者の調停をも目的としていると論じている。しかし、既述のように異邦人信者とユダヤ人信者との軋轢の焦点が律法遵守にある以上、マタイにとって、正統性の弁証に関わるテーマである律法の完全なる遵守は、両者の調停という目的とは両立し得ないのではないか。

　Sim は、近年の intra muros 説に立つ研究者の中でも、最もその立場を鮮明に打ち出している一人である。Sim は Davies and Allison と同じく、マタイとその共同体が他のユダヤ教セクトと対立関係にあったと想定するとともに、パウロの立場に代表される律法からの自由を標榜する（異邦人）キリスト者とも対立していたと論ずる。しかし、Sim がそれゆえにマタイ 28:19 について「マタイ共同体が異邦人宣教をユダヤ人に向けての宣教と同様の正当性をもつとみなした」[45] としながらも、「マタイ共同体自身はこの〔異邦人〕宣教に従事していなかった」[46] とする見解には、マタイ福音書の中に異邦人への肯定的な評価をも見出しうる両義性をどのように説明するかという視点を加

45　Sim, *The Gospel of Matthew and Christian Judaism*, p. 245.
46　Ibid., p. 246.

える必要がある[47]。

　ここまで我々は、マタイ福音書の成立経緯とその執筆意図を問う研究について整理し、そこになお残された課題があることを見出した。

　近年に至るまで、マタイ福音書がユダヤ教の枠組みを離れたキリスト教共同体の所産であるという説が有力とされてきたが、その一方の根拠である福音書記者と共同体の異邦人性についてはテクストの観察により否定しうることを確認した。片や、福音書記者と共同体の出自をユダヤ教に置き、その母体からの分離を福音書執筆の背景または動機とする説についても、テクストによっては十分に根拠付けられないこと、そしてこの説の根拠である、マタイ福音書におけるユダヤ人から異邦人への救済史的転換モデルについても、新約の他の文書（とくにパウロ書簡やルカ福音書）およびそれらに基礎付けられた「キリスト教神学」の読み込みを疑うべきことを指摘した。

　一方、マタイ福音書をユダヤ教の枠内に置こうとする近年の intra muros 説は、70 年のエルサレムおよび神殿の壊滅という危機的状況からマタイ福音書の成立を説明する有力な試みであることを確認する一方で、異邦人という存在をユダヤ教徒である福音書記者マタイが両義的に捉えていることについて、なお課題が残ることを確認した。

　以下、本研究では intra muros 説を援用しつつ、そこに残された課題に取り組み、その解決を加えた新しい説明モデルを提示することを目指す。

1.5　福音書成立の背景として信仰共同体を想定することの是非について

　ここで、さらにもう一つの視点として、福音書という文学類型の背景に信仰共同体を前提することの是非を論じたい。

　福音書の編集史批判的分析は、実際、それぞれの執筆背景としての共同体を想定することを前提としてきた。福音書個々によって描写や表現や用語が異なることの理由を、それが執筆された共同体の構成員や、置かれた状況、そしてその信仰すなわち共同体の構成原理に由来するものとして説明しうる

47　このテーマについては、第 4 章において詳述する。

第 1 章　研究史

と考えるのである。従来の編集史批判的分析による福音書研究は、このように各福音書の背景にある共同体を再構成することを試み、また、そのようにして再構成された共同体とその状況から福音書の成立を説明することにより成り立ってきたといえよう。このような研究のあり方は、循環論法の隘路に落ち込む危険を抱えつつも、一定の成果をあげてきた。

しかし、前述の Davies and Allison が福音書の成立基盤に共同体の存在を前提にしながらも同時に「福音書記者マタイが、自身の社会的背景に目を注ぐ一方で、より広い読者を想定していたことは疑いえない」と指摘していることには注目が必要である[48]。

この点についてより踏み込んで、福音書の成立背景に共同体の存在を想定すること自体に疑問を呈したのは、Richard Bauckham である[49]。その論旨はおおよそ以下の通りである。

共観福音書の成立について定説として受け入れられているマルコ優先説が明白に示すのは、マタイとルカが属していた共同体までマルコ福音書が流布していたという事実である。すなわちマタイとルカは執筆に際して、福音書はそのように流布するものであると理解していたはずである。ところが、これまでの研究史においては執筆者が属している共同体をそのまま福音書が想定している読者と考え、その共同体の状況が福音書に反映されているという考えが定説とされてきた。

しかし、福音書執筆の時代はディアスポラのユダヤ人の間で文書のやりとりが活発になされていた時代であり、人の行き来を媒介とした文書の回覧・流布といった習慣も定着していた。各地にあるキリスト教会も分散・孤立していたわけではなく、緊密なやり取りが頻繁に交わされるネットワークを形成していた。

また、執筆の動機に関しても、パウロ書簡の場合には、宛先の教会とパウ

48　Davies and Allison, *Matthew 19-28*, p. 704. 一方で Overman, *Matthew's Gospel and Formative Judaism*, p. 154 は「マタイの関心は共同体形成にあり、世界変革は主たる関心事ではない」としている。

49　R. Bauckham, "For Whom Were Gospels Written?", in R. Bauckham (ed.), *The Gospels for All Christians: Rethinking the Gospel Audiences*, Grand Rapids, MI: Eerdmans, 1998, pp. 9-48.

1.5 福音書成立の背景として信仰共同体を想定することの是非について

ロ自身の間に物理的距離という障壁があり、それがメッセージを文字化する動機となったが、福音書記者が日常的に属している共同体のためだけにメッセージを文字化する必要性が果たしてあっただろうか。むしろ前述のようなネットワークを介して諸教会に向けて福音書を執筆したと考えるほうが蓋然性が高い。

　この主張の根拠は次の6点にまとめられる。第一に、実際に、1世紀のローマ世界においては往来の容易さから人々の行き来が盛んであった。第二に、初代教会の中心となったユダヤ人キリスト者たちはディアスポラの状況を通して世界の一部であることを認識していたはずであり、そのことをうかがわせる文言を新約諸文書の中に見出すことができる。例えばパウロの手紙は頻繁に、ある教会を他の教会やキリスト教会全体と結びつけようとしている（Ⅰコリント 1:2; 9:5; 16:3; Ⅰテサロニケ 2:14）。周辺から異分子と見なされ迫害の状況にあった少数者たちのグループにとって、より広い世界の方々にいる「兄弟姉妹」との絆は重要なものであったはずである（Ⅰペトロ 5:9）。第三に、新約聖書に登場するパウロ以外にも、ペトロ、バルナバ、マルコ、シラス、アポロなどの指導者たちがそれぞれ複数の地名と共に言及される例は多数のテクストに見出される[50]。また、初期の教父たちが共同体間を移動することが普通であったことも多数の証言が存在する[51]。第四に、諸教会の間では文書のやりとりも盛んであったが、それは手紙を運ぶ使者の行き来が活発であったことを示す。これら使者たち（そして可能性としては一般信徒たち）の往来と滞在は、手紙そのものが伝える以上の情報を伝え、個々の教会のメンバーに、より広いキリスト教運動への参与という感覚をもたらしたはずである。第五に、福音書執筆に近い時期における、教会相互の接触については具体的な証拠を挙げることができる。まず『パピアスの断片』は、ヒエラポリスの監督パピアス（2世紀前半）が、使徒たちの証言を長老たちから聞き取って収集したこと、すなわち、かの地を訪れた人々と交流したこと

---

[50] Ibid., p. 34.

[51] Bauckham は、スミルナの司教ポリュカルポスがローマを訪れたという証言（エイレナイオス『異端反駁』3:3:4）やシリアのアンティオキアを訪れたという証言（『ポリュカルポスの手紙』13:1）など複数の例を挙げている（Ibid., p. 37）。

を示している[52]。次に、マタイ福音書執筆から2-30年後の執筆と考えられる『イグナティオスの手紙』は、アンティオキアからフィリピに至る地域の教会同士およびそれらとローマとのつながりを示している。また、『ヘルマスの牧者』(2:4:3)には、幻を見たヘルマスがその内容を書き記し、その写しを一部クレメンスに渡したことが記されている。それはクレメンスがその務めに従って街々にヘルマスの書状の内容を伝えるためであったという。ここには、教会間のコミュニケーションの存在が示唆されている。第六に、初代教会間における軋轢や多様性も、各教会の孤立状況の証拠ではなく、むしろ緊密なやりとりがあったからこそ、各々の立場を懸命に主張する必要があったことを示している。

　これらの状況を前提とするならば、福音書記者は、ただ一つの共同体に影響を受け、また、その共同体のみを読者として福音書を執筆したのではなく、より広い「キリスト教世界」[53]全体に向けて福音書を執筆したのであり、不特定多数の読者を想定していたはずだと考えられるのである。Bauckhamはこのように、福音書は特定の教会共同体を対象とし、そこに生じている問題を扱っていると決めてかかってはならないと、説得的に論じている。

　すなわち、福音書の執筆については、パウロ書簡の場合と異なり、対象として特定の教会共同体のみを想定していたという前提をはずして考えることが必要なのである。このことはもちろん、福音書が「真空地帯」[54]で執筆されたことを意味するものではない。しかし執筆に際しては、より広い文脈が視野に入れられていたのである。

　Warren Carter[55]による、マタイ福音書が反ローマ帝国的主張をモチーフと

52　『パピアスの断片』2:7「ところで、今わたしたちに明らかにされつつあるパピアスは、使徒たちの言葉を彼らに従っていた人々からうけたと言明しており、また自分自身、アリスティオンと長老ヨハネとの耳証人であったと言っている」(エウセビオス『教会史』3:39による。佐竹明訳、荒井編『使徒教父文書』253頁)。

53　マタイ自身の運動を「キリスト教」と呼ぶことは本研究のテーゼと矛盾するが、ここではBauckhamの議論における用語に従う。

54　Luz, *Matthew 1-7*, p. 44.

55　W. Carter, "Matthew and the Gentiles: Individual Conversion and/or Systematic Transformation?", *Journal for the Study of the New Testament* 26, 2004, pp. 259-282.

1.5 福音書成立の背景として信仰共同体を想定することの是非について

しているという指摘も、このような福音書記者マタイのマクロ的視野との関連で理解できる。Carter によれば、マタイと異邦世界との関わりは従来の研究史において、異邦人個々の回心や帰依といった観点を中心に論じられてきたが、そこにはマタイが異邦世界全体、すなわち当時ローマ帝国の支配下にあった世界をどのように見ているかという視点が欠けているという。軍事的あるいは政治的にだけではなく、文化・習慣など生活のあらゆる局面にローマ帝国の支配と、その価値観の影響が及ぶ状況は、福音書記者マタイにとっては悪が支配する世界であり、イエスの宣教および後の教会の宣教はこの悪の支配を転覆し、神の国（神の支配）を樹立することに他ならないのであり、マタイはそのような世界全体の変容を目指して福音書を執筆したのだという。真の王として到来したイエスが行う奇跡的治癒は、病や貧困を生み出すローマ帝国の支配との対決を意味し、やがてイエスの再臨とともに、ローマ帝国への最終的な審判が下るのである。マタイの共同体がそれまでの間、ローマの支配に屈するのでもなく、力によって刃向かうのでもなく、神の国（神の支配）の到来を祈りつつ（マタイ 6:9-13「あなたの国（支配）が到来するように」）、現状においてその神の国（神の支配）を体現する生き方を遂行することを、マタイは福音書を通して唱導するのである[56]。Carter のテーゼ自体は、このように、特定の信仰共同体を背景にした福音書の成立を前提としているが、福音書の執筆動機がその共同体内部の関心や傾向と結びついているというよりは、外部のより広い状況に関係していると見る点で、本研究の視点に一致している。

さて、従来の定説と異なり、マタイ福音書がより広い読者や、より広い状況を前提としていたと考えるとき、福音書相互の相違については、それぞれが成立した共同体の構成や性格や課題の違い、または宣教対象の違い、とい

---

56 Carter のこの主張に対しては、福音書内に反帝国的メッセージを明確に示す箇所は無く、むしろそのような傾向はキリスト論的な終末の勝利という主張から副次的に生み出されるものでしかないのではないか、という批判がある（D. Senior, "Matthew at the Crossroads of Early Christianity", p. 18）。しかし、ヨハネの黙示録などの黙示文学がまさにそうであるように、権力批判が抵抗文学の中にあからさまに表現されず、隠喩などのかたちをとることは珍しいことではない。

う以外に何らかの説明原理が必要となる。これまでの前提を自明のものとすることを離れたとき、福音書記者マタイが、自らが手にしたマルコ福音書を改稿し、イエスの語録資料と結びつけて、新しい福音書を執筆しようとした動機や意図はどのように説明しうるのか。次章ではそのことを明らかにするために、まず、両福音書の比較を試みたい。

第2章　マタイとマルコはどのように異なるか
——マタイによる編集の特徴について

　古来、新約聖書の四福音書は、それぞれの記述において相違はあっても、同じイエス・キリストの生涯、十字架、復活について描いている書物であることから、内容上の整合性を前提に理解されてきた。しかし、それは歴史的に見れば正典成立以来保持されてきた枠組みではあっても、各福音書執筆の時点に遡ることはできない仮構である。

　テーマ上の共通性、また、資料上の依存関係がある共観福音書であっても、相違点に的を絞れば、各々の隔たりは大きい。マタイはマルコ福音書とイエスの語録集（Q資料）をもとに自らの福音書を編み上げたのであるが、マタイとマルコ両福音書間の詳細なテクスト比較、とくにマタイが資料を扱い、組み合わせ、あるいは補完する編集傾向の分析からは、マタイによるマルコ「改訂版」の意図が、単なる語録資料と福音書資料との統合・調停ではないことが浮かび上がる。

　ここでは、福音書記者マタイの執筆意図に接近するための基礎作業として、以下にマタイとマルコ両福音書の比較から、マタイによる編集の特徴について観察し、考察することを試みる。

　マタイ福音書を、その資料であるマルコ福音書と比較したときに、比較的容易に明らかになるのは、まず、マタイはマルコよりはるかに分量的に長い、ということである[1]。

1　F. Rehkopf、田川建三「共観福音書」、旧約新約聖書大事典編集委員会編『旧約新約聖

第 2 章　マタイとマルコはどのように異なるか

　さらに詳しい観察により、それぞれの神学的主張が著しく異なることを示す箇所があることがわかる。マタイの編集傾向から明らかになることのうち、ここでは、「律法遵守の強調」、「異邦人（宣教）への両義的姿勢」、そして「ファリサイ派批判」に注目したい。これらのテーマは、すでに確認したように、福音書記者マタイの自己理解や正統性の弁証と深く関わるテーマだからである。

2.1　マタイによるマルコ改訂の方向性（1）　律法遵守の強調

　マタイが福音書執筆にあたり、マルコ資料を律法遵守に沿った方向へ改変していることは、以下の箇所から明らかである。

① マタイ 12:1-8　安息日論争（1）
　（マルコ 2:23-28 に由来。ルカ 6:1-5 に並行箇所）
　　[1] そのころ、イエスは安息日に麦畑の中を通った。彼の弟子たちは空腹で、穂を摘んで食べ始めた。[2] ファリサイ派たちは見て彼に言った。「見よ、お前の弟子たちは安息日にすることがふさわしくないことをしている。」[3] 彼〔イエス〕は彼らに言った。「ダビデと、彼と共にいる者たちが空腹だったときに何をしたか、読んでいないのか。[4] どのようにして彼が神の家に入り、祭司以外には彼も彼と共にいる者たちも食べることがふさわしくない、供え物のパンを彼らが食べたかということを。[5] また、安息日に神殿にいる祭司たちは安息日を破ってもとがめられないということを、律法の中に読んだことがないのか。[6] 私はお前たちに言う。ここには神殿よりも大きなものがあるということを。[7] もしお前たちが、憐れみをいけにえよりも私は望む〔という言葉〕、が何〔を意味する〕か知っていれば、とがめられるところのない者たちを非難しなかったであろう。[8] なぜなら安息日の主は人の子であるからだ。」

　書大事典』、教文館、1989 年、382 頁参照。

2.1 マタイによるマルコ改訂の方向性 (1) 律法遵守の強調

マルコ 2:23-28

> ²³ そして彼〔イエス〕は安息日に麦畑の中を通ることがあった。そして彼の弟子たちは、麦の穂を摘みながら道を行き始めた。²⁴ ファリサイ派たちは彼に言った。「見よ、なぜ彼らは安息日にふさわしくないことをするのか？」²⁵ 彼〔イエス〕は彼ら〔ファリサイ派たち〕に言った。「必要があり、空腹であったときに、彼自身〔ダビデ〕が彼と共にいる者たちと何をしたか読んでいないのか。²⁶ アビアタルが大祭司であったときに、どのように彼が神の家に入り、祭司以外に食べることがふさわしくない供えのパンを食べ、彼と共にいる者たちに与えたかを？」²⁷ そして彼〔イエス〕は彼ら〔ファリサイ派たち〕に言った。「安息日が人のためにあるのであって、人が安息日のために〔あるの〕ではない。²⁸ それゆえ人の子は安息日の主でもある。」

　ここの箇所のうち、マタイ 12:5-7 はマルコ資料にないマタイによる付加である[2]。一方でマタイはマルコ 2:27「安息日が人のためにあるのであって、人が安息日のために〔あるの〕ではない」を削除する。これらの編集には、マタイにとってはマルコ 2:27 が示すと思われた律法の軽視を回避しつつ、マルコ資料がダビデの特例（餓死の危険がある場合の緊急避難[3]）によって説明しようとしたことを神殿の祭司の職権の問題へと論点を移し、さらには「神殿よりも大きなもの」[4] の権威へと議論をつなげる巧みな編集を見て取

---

[2] 7 節はマタイ 9:13 と同じホセア 6:6 からの引用を含むマタイの編集句と考えられる。5-6 節は特殊資料と見なすことも可能であるが、むしろ 7 節との密接な結びつきは、5-7 節全体が伝承素材をもとにマタイによって高度に形成された挿入句であることを示していると考えられる（ルツ『マタイ (I/2)』、300 頁; Davies and Allison, *Matthew 8-18*, pp. 312-313 に同意）。

[3] ルツ『マタイ (I/2)』、301-302 頁。

[4] 「神殿よりも大きなもの」(τοῦ ἱεροῦ μεῖζόν) は中性単数であり、その指示内容はテクスト中に明示されていない。文脈からはイエス自身とも解されるが、その場合は男性単数となるはずである。Nolland, op. cit., p. 484 は解釈の可能性として「神の国」、「愛」、「愛の掟（もしくはマタイ 12:7 の憐れみ）に対する応答への呼びかけ」、「イエスの律法解釈」、「神殿にとって代わる新しい共同体」などを挙げ、7 節との関わりおよび議論の文脈から「憐れみへの応答」がもっとも好ましいと論じている。M. Konradt, *Das*

ことができる[5]。この編集により議論は 7 節に焦点を結ぶ。70 年以降の神殿なき時代に、その代替を果たすのは「憐れみ」である[6]。しかしそれはマルコ資料が示す緊急避難という動機や、ましてや律法の軽視ではなく、むしろ「憐れみ」という律法の中心原理（マタイ 23:23）を貫徹する方向へと律法を解釈し実践することなのである。そして、その解釈を示す権威こそ、イエスであるとマタイは結論づける（6, 8 節）[7]。

②マタイ 12:9-14　安息日論争 (2)
（マルコ 3:1-6 に由来、ルカ 6:6-11 に並行箇所）
　　[9] そして〔イエスは〕そこを去って彼らの会堂〔シナゴーグ〕に入った。[10] すると見よ、枯れた片手を持った人〔がいた〕。そして彼らは彼〔イエス〕に尋ねて言った。「安息日に癒しをすることはふさわしいかどうか？」彼らは彼をとがめるために〔このように尋ねた〕。[11] そこで彼〔イエス〕は彼らに言った。「あなたがたの中に一匹の羊を持っている人がいたとして、これが安息日に穴に落ちたならば、彼はそれをつかんで引き上げないだろうか？ [12] ならば人は羊よりどれだけ異なって〔＝優れて〕いることか。だから安息日に良い行いをすることはふさわしい。」[13] そして彼〔イエス〕はその人に言う。「あなたの手を伸ばせ。」そして彼は〔手を〕伸ばし、〔手は〕すっかり回復させられ、他の手のようになった。

Evangelium nach Matthäus (NTD1), Göttingen: Vandenhoeck & Ruprecht, 2015, p. 192-193 は律法の規定には序列があったとし、神殿祭儀は安息日に優先すると考えられるという。そして神殿祭儀の中心意義は「憐れみ」（Barmherzigkeit）であることから、「神殿より偉大なもの」とは「憐れみ」を指すと結論づけている。

5　「マタイが目論んでいるのは極限情況において可能な例外ではなく、律法についての解釈の原則である」（ルツ『マタイ (I/2)』、302 頁）。直前までのハガダー（説話）的議論を受け「5-6 節をマタイはハラカー（慣習法）的議論として構成する」（Gundry, *Matthew*, p. 223）。

6　H. Frankemölle, *Matthäus: Kommentar 2*, Düsseldorf: Patmos, 1997, p. 133.

7　「8 節はまさに 6 節の思想を補完している」（Davies and Allison, op. cit., p. 315）、「飢えている者たちは、神が望む憐れみの尺度となり、そしてそれによって究極的には正しい安息日の成就の尺度ともなるのである」（ルツ『マタイ (I/2)』、304 頁）。

2.1 マタイによるマルコ改訂の方向性 (1) 律法遵守の強調

マルコ 3:1-6

^{1} そして彼〔イエス〕はまた会堂〔シナゴーグ〕に入った。そこには枯れてしまった手を持つ人がいた。^{2} 彼ら〔人々〕は彼〔イエス〕をとがめるために、彼が安息日に癒しをするかどうか注視した。^{3} すると彼〔イエス〕は枯れた手を持つ人に言った。「真ん中へ〔来るために〕立ち上がりなさい。」^{4} そして彼〔イエス〕は彼らに言った。「安息日にふさわしいのは善をなすことか、それとも悪い行いか、命を救うことか、それとも殺すことか?」彼らは黙っていた。^{5} 彼〔イエス〕は怒りをもって彼らを見渡し、彼らの心のかたくなさを深く嘆いて、その人に言う。「手を伸ばせ。」すると彼の手は回復した。^{6} ファリサイ派たちはすぐに出て行き、彼〔イエス〕を滅ぼすために、ヘロデ派と相談した。

この箇所では、直前の記事を受け、安息日に関するもう一つの論争が展開されている。マルコ3:1-6の枠組みを受け入れつつ、マタイは、人々のイエスに対する注目(マルコ 3:2)を、イエスを陥れるための質問(10 節)に置き換えることで、記事の論争的性格を強めている。この置き換えによって導入された「許されている/ふさわしい」(ἔξεστιν)はこの後の 12 節および、直前の記事 (2 節) とのつながりを形成している。マタイは、マルコ 3:4-5「安息日に行うべきこと」に代わる、11-12 節「安息日に穴に落ちた羊の救助」の付加によって[8]、直前の記事が示した「憐れみ」のモチーフを導入し[9]、安息日規定そのものではなく、「憐れみの実践」をめぐる解釈についての論

---

8 Luz は、11-12 節 a の言語的特徴はこの句が伝承であることを示しているという(ルツ『マタイ (I/2)』、310 頁。ただし Luz は 12 節 a が内容的に判断してマタイの編集句である可能性についても触れている)。ルカ 14:5 の並行句もこの見解を裏付ける。しかしこれらの句にマルコ 3:4-5 を代替する編集句 12 節 b を付加して文脈に組み入れたのはマタイによる編集である。

9 「イエスが導き出す結論は 12:7 が示す『憐れみ』が『犠牲』に先立つということである」(Davies and Allison, op. cit., p. 320)、「ここでは『憐れみ』が、原則的に、犠牲や安息日よりももっと大いなるものだということは明らかとなる」(ルツ『マタイ (I/2)』、312 頁)。

第2章　マタイとマルコはどのように異なるか

争へと文脈を変更している[10]。やはりここでも救命という緊急的動機によってではなく、「憐れみ」という律法の中心原理にかなった行いこそが、安息日にふさわしい（ἔξεστιν）、良い行いであることが示される[11]。

③マタイ 13:53-54　故郷ナザレの会堂で教えるイエス
　（マルコ 6:1-2 に由来、ルカ 4:16 に並行箇所）
　　[53]そこでイエスはこれらのたとえを〔語り〕終えたとき、そこから立ち去った。[54]そして彼の父の地〔＝故郷〕に入り、彼らの会堂〔シナゴーグ〕で彼らを教えた、すると彼らは驚いて言った。「この人のどこにこの力と知恵が〔あるのか〕？」

　マルコ 6:1-2
　　[1]そして彼〔イエス〕はそこを去った、そして彼の父の地〔＝故郷〕に入り、彼の弟子たちも彼に従う。[2]そして安息日になったので、彼は会堂で教え始めた、多くの者が聞いて驚いて言った。「どこからこの人にこれが〔生じたのか〕？　なんという知恵がこの人に与えられ、このような力が彼の手によって起こっている〔のはどうしたことか〕？」

　この箇所でマタイは、会堂（シナゴーグ）で教える場面から「安息日」という記述を削除している（マルコ 6:2「安息日になったので」を、ルカ 4:16 は「いつものとおり安息日に会堂に入り」と保存している）。人々が会堂に集う場面を安息日に限定しないことは、律法に沿った生活様式を強調する意図に基づいている可能性がある[12]。

---

10 「イエスは安息日規定そのものではなく、その解釈に挑んでいる」（Hagner, *Matthew 1-13*, p. 334）。
11 マタイはマルコ資料の ἀγαθός（善い）を避け、かわりに καλῶς（適切な）を用いる。Gundry, op. cit., p. 227 はこの変更を「なされた結果ではなく行為そのものの強調」と解釈する。
12 この「安息日」の削除について管見の限り注解者たちはほぼ無関心である。ただ Walter Grundmann が、イエスへの視点の集中を理由に挙げている——「マタイはマル

2.1 マタイによるマルコ改訂の方向性 (1) 律法遵守の強調

　もしくは、この削除は、シナゴーグで教えがなされるのは安息日であることを福音書記者マタイは当然のこととして認識していたため、イエスがシナゴーグで教える場面を安息日に限定する必要を感じなかった結果であるとも考えられる。いずれにせよ、福音書記者マタイが当時のユダヤ教の生活様式や慣習と深い関わりを持っていたことを示す編集である可能性がある。

④マタイ 15:1-20　清浄規定（マルコ 7:1-23 に由来）

　　^{1}そのとき、イエスのところにエルサレムからファリサイ派たちと律法学者たちが来て言った。^{2}「なぜお前の弟子たちは長老たちの伝承を破るのか？というのは彼らはパンを食べるのに［彼らの］手を洗わない。」^{3}彼〔イエス〕は彼らに答えて言った。「ならばなぜお前たちこそお前たちの伝承によって神の掟を破るのか。」（……）^{10}そして彼〔イエス〕は群衆を呼び寄せて彼らに言った。「聞き、そして理解せよ。^{11}口に入るものは人をけがさない。しかし口から出ていくもの、これ〔こそ〕が人をけがす。」^{12}そのとき、弟子たちが来て彼に言う。「ファリサイ派たちが〔あなたの〕言葉を聞いてつまずいたのを知っていますか？」^{13}彼は答えて言った。「天の私の父が植えなかった植物はみな抜き去られるであろう。^{14}彼らを放置せよ。彼らは［盲人の］手引きをする盲人である。盲人が盲人の手引きをするなら双方ともに穴に落ちるだ

コに対して短くなっている。イエスに弟子たちが伴っていることと、イエスが安息日にシナゴーグで教えることは落とされている。その代わりにマタイは視線をイエスだけに向け、イエスが故郷（Vaterstadt）に到着した後に彼らのシナゴーグで教えたと述べている」（W. Grundmann, *Das Evangelium nach Matthäus* (ThHK 1), Berlin: Evangelische Verlagsanstalt, 3. Aufl. 1972, pp. 358-359)。しかし「月曜日と木曜日はまた、一部の陣営内では断食日として遵守されることによっても区別された。（……）エピファニオスも、イエスの時代にパリサイ派が月曜日と木曜日に断食した、と確言している。この慣習は、これらの日が——聖書時代には断食が公同の会合と結びついていたのと同じく——人々がシナゴーグに集まった日であった、という事実を疑いもなく示している。（……）〔しかし〕人々は一般に安息日にしかシナゴーグに来なかった」（S. サフライ、M. シュテルン著、長窪専三・土戸清・川島貞雄・池田裕訳『総説 ユダヤ人の歴史 下巻』、教文館、1992 年、120 頁）とすれば、マタイが一般のユダヤ人より厳密に律法に沿った生活様式を意識していたことが考えられる。

第 2 章　マタイとマルコはどのように異なるか

ろう。」¹⁵ ペトロが答えて彼に言った。「［この］たとえを説明して下さい。」¹⁶ 彼は言った。「あなたがたまでも、無理解なのか？ ¹⁷ 口に入って来るものはすべて腹へと進み、便所に出て行くことがわからないか？ ¹⁸ だが口から出て来るものは心から出て来るので、そういったものが人をけがす。¹⁹ というのは、心から出て来るものは悪い考え、殺人、姦淫、淫行、盗み、偽証、冒瀆である。²⁰ これらが人をけがすものであり、洗わない手によって食べることは人をけがさない。」

マルコ 7:1-23

¹ そして彼〔イエス〕のところにファリサイ派たちとエルサレムから来たある律法学者たちが集まる。² そして彼の弟子たちのある者たちが、けがれた手で、これは洗わない手のことだが、パンを食べているのを見た。³ ——というのはファリサイ派たちとユダヤ人すべては、長老たちの伝承を固く守り、こぶしで両手を洗わなければ食事をしない、⁴ そして広場から〔帰った場合〕は、〔清めるために全身を水に〕沈めなければ食事をしない、そしてさらにもっと、固く守ることを受け継いでいるのは、コップや水差しや銅器［や床］を沈めることである。—— ⁵ そしてファリサイ派たちと律法学者たちは彼に尋ねた。「なぜお前の弟子たちは長老たちの伝承に従って歩まず、けがれた手でパンを食べるのか。」(……) ⁸「お前たちは神の教えを放置して人の伝承を固く守っている。」⁹ また彼は彼らに言った。「お前たちの伝承を立てようと、よくもお前たちは神の掟を放置したものだ。」(……) ¹⁴ 彼〔イエス〕はまた群衆を呼び寄せ、彼らに言った。「皆、私に聞き、そして理解せよ。¹⁵ 人の外からその人に入って来たもので、その人をけがすことができるものは何もない、しかし人から出て行くものが人をけがす。」¹⁷ 彼〔イエス〕が群衆から〔離れて〕家に入ったとき、彼の弟子たちは彼にたとえ〔の解釈〕を尋ねた。¹⁸ 彼は彼らに言う。「このようにあなたがたも無理解なのか？　外から人に入るものはすべて人をけがすことはできないとわからないのか、¹⁹ それはその人の心の中に入らず、しかし腹に〔入り〕、便所に出て行くということが？」〔イエスは〕すべての食物を清くする。²⁰ また彼は言った、「人から出て来るもの、それが人をけがす。²¹ つまり人々の心の中から、悪い考えが出て来る。

2.1 マタイによるマルコ改訂の方向性（1）　律法遵守の強調

淫行、盗み、殺人、²²姦淫、むさぼり、よこしま、欺瞞、放縦、悪い目、冒瀆、高慢、愚かさ、²³すべてこれらの悪は内側から出て来て人をけがす。」

この並行箇所において、マタイは以下のようにマルコ資料[13]を改変している。

マタイ 15:2 はマルコ 7:2 から手を洗わないことが「けがれ」（κοινός）を意味するという注釈を省き、また、マルコ 7:3-4 の、「ファリサイ派たちとユダヤ人すべて」の清浄に関する習慣についての注釈も省く。

マルコ 7:15 が「人の外からその人に入って来たもので、その人をけがすことができるものは何もない、しかし人から出て行くものが人をけがす」と述べているところを、マタイ 15:11 は「口に入るものは人をけがさない。しかし口から出て行くもの、これ〔こそ〕が人をけがす」と言い換えている。

マタイは、ファリサイ派がイエスの言葉につまずいたという弟子たちの報告を付加し、ファリサイ派に対するイエスの否定的宣告を導入している（マタイ 15:13 の「天の私の父が植えなかった植物はみな抜き去られるであろう」は特殊資料の可能性もあるが、14 節の「彼らを放置せよ。彼らは〔盲人の〕手引きをする盲人である」とともに、ファリサイ派への批判を強めるマタイの編集付加と考えられる。14 節の「盲人が盲人の手引きをするなら双方ともに穴に落ちるだろう」はQまたは口伝[14]）。

マタイはマルコ 7:19 の「すべての食物を清くする」（καθαρίζων πάντα τὰ βρώματα）[15] を削除している。一方で、「洗わない手によって食べることは人

---

[13] マルコ福音書当該箇所の異読について、本文批評上マルコ 7:16 を欠く写本は少ないが、重要な写本を含む（ℵ B L 等）。これらの写本は 7:4 の「床を」（καὶ κλινῶν）も欠いている。マタイ福音書当該箇所の異読について、15:14 の「盲人の」（τυφλῶν）について、様々な異読があるが、BとDは一致してこれを欠いている。15 節の「これらの」（ταύτην）を含む写本証拠は弱い。いずれにせよ、本項の考察に必要な釈義に関する限り、どの読みをとるかについての重要性は低いと判断する。

[14] J. Gnilka, *Das Matthäus Evangelium 14-28*, Freiburg: Herder, 1988, p. 20 は Q と判断。ルツ『マタイ (I/2)』、538 頁は口伝と判断。

[15] 田川建三『新約聖書 訳と註 第 1 巻』、作品社、2008 年、24 頁は、この分詞句について、構文的には直前の文の続きのように見えるが、男性単数主格であることから 18 節の

をけがさない」(マタイ 15:20) という編集句を付加する。

　これらの編集について、Luz は、マタイは清浄規定の廃棄ではなく、「愛の戒めの優位性」すなわち祭儀的律法に対する倫理的律法の優先を弁証しようとしているという[16]。しかし、マタイの編集が示すものはむしろ、ファリサイ派が要求する習慣はモーセ律法が示す清浄理解を逸脱した「長老たちの伝承」(ἡ παράδοσις τῶν πρεσβυτέρων, マタイ 15:2) に過ぎないのであり、それを破ったからといって律法に違反することにはならない、という主張だと考えられる[17]。この解釈は、マタイがマルコ 7:19 の、あたかもイエスがすべての食物は清いと宣言したかのような、律法否定につながる文言を削除していることからも裏付けられる。マタイはむしろ、これらの編集により、律法の食物清浄規定の有効性を確認すると同時に[18]、清浄に関するファリサイ派の慣習を否定し、彼らのふるまいは律法に則ってはいないと批判することを意図していると考えられる[19]。

⑤マタイ 24:15-28　終末における苦難の予告
　(マルコ 13:14-23 に由来、ルカ 21:20-24 に並行箇所)
　　　[15]そこで、聖なる場所に立つ、預言者ダニエルによって言われた破壊の忌むべきものを見たときには――読者よ、理解せよ――、[16]そのときにはユダヤ

　　イエスを主語とする読みをとらざるを得ないとしている。この読みをとるのは口語訳、NRSV など。
16　ルツ『マタイ (I/2)』、539 頁および 547 頁。
17　Nolland, op. cit., p. 628; Davies and Allison, op. cit., p. 537.
18　Gnilka, op. cit., p. 19 は、マルコ 7:15 をマタイ 15:11 が「口」(στόμα) というモチーフを用いて改変することで、食物規定に主題を絞ろうとしていると述べる。
19　「マタイ 15:1-20 ではイエスは祭儀的清浄についての聖書的掟と関心を批判するのではなく、ファリサイ派がそれにあてはめた伝統〔的解釈〕を批判している」(D. Harrington, "Matthew and Paul", in D.C. Sim, and B. Repschinski (eds.), *Matthew and His Christian Contemporaries* (LNTS 333), London: T&T Clark, 2008, p. 17)。Frankemölle, *Matthäus*, p. 205 は 20 節にファリサイ派と律法学者への批判とともに、彼らより義において上回るべき弟子たちへの叱咤も含まれていると見る (彼らと対照的なのは続く記事に現れるカナンの女性である)。

2.1 マタイによるマルコ改訂の方向性（1） 律法遵守の強調

にいる者は山へ逃げよ。[17]屋根の上にいる者は、自分の家のものを取るために降りるな。[18]畑にいる者は、上着を取るために背後を振り向くな。[19]それらの日々には、身ごもっている女性たち、乳を与えている女性たちにはわざわいだ。[20]あなたがたの避難が冬または安息日に起こらないことを祈れ。（後略）

マルコ 13:14-23

[14]立つべきでないところに立つ破壊の忌むべきものを見たときには——読者よ、理解せよ——、そのときにはユダヤにいる者は山へ逃げよ。[15]屋根の上にいる者は、降りても、自分の家のものを取るために〔家に〕入ってもいけない。[16]畑にいる者は、上着を取るために背後を振り向くな。[17]それらの日々には、身ごもっている女性たち、乳を与えている女性たちにはわざわいだ。[18]〔このことが〕冬に起こらないことを祈れ。（後略）

マタイ 24:15 はマルコ 13:14 に「預言者ダニエルによって言われた」を付加、マルコの「立つべきでないところ」を「聖なる場所」へと変更している。また、20 節に「あなたがたの避難が冬または安息日に起こらないことを祈れ」と、「安息日」を付加している。安息日はユダヤ人にとって遵守すべき重要な掟である。出エジプト 20:8-11（いわゆる「十戒」の第四戒）には、創世記に描かれた天地創造の七日目に神が休息したことに基づいて、週の七日目には「いかなる仕事もしてはならない」と定められている。また、申命記 5:12-15 にも奴隷、家畜、寄留者への配慮として安息日を守ることが命じられている。この日には一切の労働が禁じられ、長距離の移動も制限される。マタイが追加した語句は、このことを念頭に置いた変更と考えられる[20]。し

---

20 Ⅰマカバイ 2:29-38 は、紀元前 2 世紀にセレウコス朝シリアの支配に対してパレスチナのユダヤ人たちが蜂起したマカバイ戦争において、安息日を遵守し戦いを放棄した一千人の集団が妻子もろとも虐殺された悲劇を記している。一方で後のラビ文献には軍隊や盗賊に追われた場合には安息日規定を破ってもよいとの見解が記されているものがある（Midrash Tanhuma מסעי 245a ほか。H. L. Strack und P. Billerbeck, *Kommentar zum Neuen Testament aus Talmud und Midrash*, Bd.1, München: Beck, 1922, pp. 952-953 参照）。

かし、マタイ 12 章の安息日論争において、イエスが安息日規定からの自由を述べていると解釈する注解者たちはここで釈義的困難に陥ることになる。Luz はこの釈義的困難について記し、「あらゆる許された安息日の道程を大幅に越え出たであろう逃亡で安息日命令に違反することが多数の教会員にとって深刻な試練を意味したという想定なしには、20 節は理解できなくなる。そのことをマタイ教会に対して想定するか、あるいは彼ら以前にマルコ本文を補充したユダヤ人キリスト教会に対して想定するか、それは未決のままにしておかなければならない」と述べている。Luz 自身は後者の見解に傾いているが、それは（マタイ 12:1-14 から）「教会は必要時に安息日命令に違反することに対して不安を抱くことは実際上必要なかった」からだというのである[21]。しかし、それではなぜマタイがあえてこの句をここに残したのかという謎は残ってしまうことになる。

　ここで、12:1-8, 9-14 の釈義を振り返ってみたい。我々は、マタイが安息日規定を乗り越えるのは、緊急的救命という動機ではなく、あくまでも律法の根本原理である「憐れみ」の動機においてであることを確認した。それは安息日規定を破ることではなく、むしろ安息日の精神の徹底であった。それゆえ、安息日における緊急避難が問題となる 24:20 の場合には 12:1-8, 9-14 の場合とは異なる判断がなされるのである。

　以上確認したように、福音書記者マタイは、マルコ資料のなかでも律法遵守について不徹底ないしは軽視と思われる箇所を改変している。これは、資料を律法遵守の方向へ引き寄せようという、マタイの強い意図の表れである

21　ルツ『マタイ (I/3)』、513-514 頁。Davies and Allison, *Matthew 19-28*, pp. 349-350 は、安息日には門が閉まって物資を入手しにくかった（R. T. France, *The Gospel of Matthew*, Grand Rapids, MI: Eerdmans, 2007, p. 915）、安息日の避難はユダヤ人のさらなる反感を引き起こす（Stanton, op. cit., pp. 192-206）、安息日に留まるユダヤ人たちの間で、逃げることでキリスト者だということが際立ってしまう（Gundry, op. cit., p. 483）など諸注解者の見解を紹介した後に、マタイの共同体の一部のメンバーがなお安息日規定とそれに伴う旅行の制限を遵守していたため、マタイ自身は安息日の逃亡に躊躇しなかったはずだが、それらのメンバーを考慮に入れたのだという見解をとっている（Luz の前者の見解に相当）。

と考えられる。このように意図するマタイ自身の律法観については、第 3 章において詳しく考察する。

2.2 マタイによるマルコ改訂の方向性（2） 異邦人宣教への両義的姿勢

マタイとマルコの相違は、非ユダヤ人すなわち異邦人に対する姿勢という点にも明らかである。マルコでは異邦人は否定的存在として言及されることはない[22]。一方で、神殿は「すべての民（ἔθνος）にとっての祈りの家と呼ばれるべき」（マルコ 11:17 ＝ イザヤ 56:7 の引用）であり、終末に際しては「まず福音がすべての民（ἔθνος）に宣教されなければならない」のである。これらの句をマタイは受け入れていない[23]。

こういったマルコの特徴について、「マルコの空間的設定、人物造形、筋立てはすべてマルコが異邦人登場人物に依存していることを強く示している。（……）マルコの主役〔＝イエス〕は異邦人との関係においてこそ自らを表す」[24] とまで言えるかは疑問の余地があるとしても、マルコの異邦人に対する姿勢はマタイよりはるかに肯定的であることは確かである。マタイの異邦人観、そして異邦人宣教観については、第 4 章および第 5 章において詳しく考察する。

2.3 マタイによるマルコ改訂の方向性（3） ファリサイ派批判

第三に、マタイ編集の特徴として、「ファリサイ派」に対する厳しい批判がみられる。ファリサイ派とは、福音書においてイエスと対立する主要な論敵として描かれる、ユダヤ教の一派である。彼らは一般のユダヤ人よりも厳

---

22 例外は、弟子たちの権力争いをいさめるための否定的な例示として扱われる 10:42。なお、マルコ 10:33-34 でもイエスを捕らえ、侮辱し、処刑する否定的な異邦人像が言及されるが、この異邦人とはローマ官憲のことである。

23 ἔθνος は「民」または「異邦人」と訳される語である。この語が意味するものについては第 4 章において詳しく扱う。

24 J. Svartvik, "Matthew and Mark", in *Matthew and His Christian Contemporaries*, p. 32.

格な清浄・聖潔概念を持ちそれに基づく律法の実践を重んじていたとされる[25]。

マタイ福音書成立の背景であったユダヤ戦争を目の当たりにし、記録に残したフラウィウス・ヨセフスは、エルサレム陥落後の75-80年ころの著作であるとされる『ユダヤ戦記』の中で、ファリサイ派について「律法を厳格に解釈する者たち」であり「第一の学派を成していた」[26]と述べている。その後、95年ころの著作とされる『ユダヤ古代誌』では、ファリサイ派は一般大衆の敬意を集め、大きな影響力を持っていたと記されている[27]。

このファリサイ派に対する、マルコおよびQに見られる批判を、マタイは編集によって先鋭化している。

2.3.1 マタイ特殊記事における例

マタイ特殊記事において、マタイはファリサイ派を批判する。

① 3:7　洗礼者ヨハネのもとにやってくるファリサイ派とサドカイ派の人々が批判的に言及される。洗礼者ヨハネの活動についての記事（マタイ3:1-12）において、ヨハネの説教部分（7-12節）はQに基づいているが、7節の「ファリサイ派とサドカイ派」への言及はマタイの編集による付加と考えられる[28]。すなわちマタイは洗礼者ヨハネの厳しい裁きの言葉を群衆から矛先を変えて「ファリサイ派とサドカイ派」に向け、悔い改める群衆から区別している。

② 5:20　義すなわち律法の完全な遵守が律法学者やファリサイ派に勝るものである必要についての教え（3.3, 本書87頁参照）。マタイによる編集句。

③ 15:12-14　食物規定についての論争の中で、唐突にファリサイ派のつまずきが報告される。これをきっかけとして「私の天の父がお植えにならなか

25　土岐健治『初期ユダヤ教の実像』、新教出版社、2005年、67頁および E. J. Schnabel, Art. Pharisees, in K. D. Sakenfeld et. al. (eds.), *The New Interpreter's Dictionary of the Bible*, vol. 4, Nashville, TN: Abingdon Press, 2004, pp. 485-496.

26　ヨセフス『ユダヤ戦記』2.162。

27　ヨセフス『ユダヤ古代誌』18.11-17。

28　ルツ『マタイ (I/1)』、204頁; Nolland, op. cit., p. 142; Gnilka, op. cit., p. 68.

った植物は、すべて抜き取られてしまう」(マタイ 13:24-43 での、世界を象徴する畑に紛れ込んだ「悪い者の子ら」が毒麦にたとえられることが意識されていると考えられる)[29] や、「彼らは〔盲人の〕手引きをする盲人である」というイエスの裁きの言葉が述べられることによって、食物規定に関する論争は、既述のように、マルコ的な律法からの逸脱を回避し、明確なファリサイ派批判へと転化される(本書51-52頁参照)。

④ 27:62　祭司長たちと結託し、イエスの復活を否定するファリサイ派の姿が描かれる。27:62-66 の、イエスの墓の封印と番兵の配置の記事はマタイ特殊資料[30]であるが、ここでの祭司長とファリサイ派への言及はマタイの編集によるものと考えられる[31]。23章の、イエスによる激しいファリサイ派批判以降では、ここで初めてファリサイ派への言及がなされる。受難物語におけるファリサイ派への言及が欠如しているのは、ファリサイ派がイエスの処刑に直接関わっていなかったという史実が関係していると考えられる[32]。しかしここで、受難物語で「主役」をつとめた祭司長たちと組み合わせることによって、福音書記者マタイはイエスの受難に対するファリサイ派の責任(マタイ 12:14)を明らかにしている[33]。

2.3.2　マタイがマルコ資料からファリサイ派への言及を受け入れている例

イエスとファリサイ派の論争の場面をマルコ資料からマタイはすべて受け継ぎ、ファリサイ派への批判を弱めることはしない[34]。

①マタイ 9:14「断食についての問答」(マルコ 2:18 に由来、ルカ 5:33 並行)

29　ルツ『マタイ (I/2)』、548 頁。
30　ルツ『マタイ (I/4)』、474 頁。
31　ファリサイ派と祭司長の組み合わせは、この箇所の他には 21:45 に現れるのみである。Gnilka, op. cit., p. 231 は、この組み合わせはユダヤ人にとっての政治的権威と宗教的権威をまとめて指す意図があると述べる。
32　Davies and Allison, *Matthew 19-28*, p. 653.
33　ルツ『マタイ (I/4)』、477 頁。
34　例外はマルコ 7:3, 5 のみである。この箇所に述べられるファリサイ派の清浄に関する規定や習慣についての説明がマタイには不要に思われたのであろう。

断食に固執し、イエスとその弟子を批判するヨハネの弟子たちとファリサイ派が論駁される[35]。

②マタイ 12:2,14「安息日論争」（マルコ 2:24; 3:6 に由来、ルカ 6:2, 11 並行）

安息日に麦の穂を摘んだ弟子たちをとがめるファリサイ派をイエスが論駁する場面。この箇所の釈義については本書 45-46 頁参照。

③マタイ 19:3「離縁について」（マルコ 10:2 に由来）

離縁についてのモーセ律法の解釈をめぐる論争において、イエスがファリサイ派を論駁する場面。

2.3.3　マルコ資料および Q 資料へ編集を加えている箇所（1）
　　　　　　──ファリサイ派への言及はいずれも原資料に基づく

マルコ資料にマタイが編集を加える場合に、ファリサイ派批判が取り除かれることはない。

①マタイ 9:11「マタイを弟子にする」（マルコ 2:16 に由来、ルカ 5:30 並行）

徴税人マタイを弟子にする場面において、イエスが徴税人や罪人と食事をするのをとがめる者たちについて「ファリサイ派の律法学者たち」（マルコ 2:16）をマタイは「ファリサイ派たち」へと変更している（ルカ 5:30 の並行箇所では「ファリサイ派たちや彼らの律法学者たち」）[36]。

②マタイ 12:38「しるしを求める人々」（マルコ 8:11 に由来、ルカ 11:29 並行）

イエスの権威を示す証拠（しるし）を求める人々をファリサイ派とするマルコ 8:11 に、ここではマタイは「律法学者たち」を付加する（ルカ 11:29

35　マルコ 2:18a の、ヨハネの弟子たちとファリサイ派が断食していたという言及は、マタイが省略したと考えられる（ルツ『マタイ（I/2）』、71 頁; Nolland, op. cit., p. 390）。

36　ルツ『マタイ（I/2）』、67-68 頁は、マタイにとって「9:1-17 では、イエスと種々様々なユダヤ人グループとの間に見えてくる溝を素描することが重要であった」ため、9:3 にすでに言及されている「律法学者」を削除したと述べる。Gundry, op. cit., p. 167 も、9:3 での言及を理由に挙げる。

2.3 マタイによるマルコ改訂の方向性（3）ファリサイ派批判

の並行箇所ではしるしを求めるのは不特定の群衆）[37]。

③マタイ 16:1「天からのしるしを求める人々」（同じくマルコ 8:11 に由来、ルカ 11:29 並行）

この箇所でマタイはマルコ資料のファリサイ派に「サドカイ派」を付加している[38]。

④マタイ 16:5-12「パン種への警告」（マルコ 8:14-21 に由来）

マルコ 8:14 の「ファリサイ派たちのパン種とヘロデのパン種」への警告をマタイは「ファリサイ派たちとサドカイ派たちのパン種」（16:6）へと改変、さらに 11-12 節においてこの組み合わせを繰り返す[39]。

2.3.4 マルコ資料および Q 資料へ編集を加えている箇所（2）
──ファリサイ派への言及をマタイが付加

マタイは編集においてむしろ、マルコや Q にファリサイ派批判を付加する。

①マタイ 12:24「ベルゼブル論争」（マルコ 3:22 に由来、ルカ 11:15 並行）

「エルサレムから下ってきた律法学者たち」（マルコ 3:22）をマタイは「ファリサイ派の人々」へと変更し、敵対者として明確に位置づける（ルカ

---

[37] Nolland, op. cit., p. 508; Gundry, op. cit., p. 242; Davies and Allison, *Matthew 8-18*, p. 353; ルツ『マタイ（I/2)』、357 頁はいずれも、ファリサイ派と律法学者の組み合わせがマタイ的であるということの他には理由を述べていない。

[38] Gundry, op. cit., p. 322 は、マタイはサドカイ派の付加により、この箇所を 3:7 と結びつけ、すなわち洗礼者ヨハネの論敵がイエスの論敵と共通していることを示そうとしたと述べる。

[39] マタイはサドカイ派について特別に言及する。福音書ではサドカイ派は、マルコ 12:18 とその並行箇所であるルカ 20:27 に各 1 回現れるのみであるが、マタイではやはりその並行箇所である 22:23 に加え、3:7; 16:1, 6, 11, 12; 22:34 と合計で 7 回の言及がみられる。新約聖書全体を見渡すと、このほかには使徒言行録において 4:1; 5:17; 23:6, 7, 8 と 5 回の言及が見られる。ヨハネ福音書には皆無である。マタイの記事では、このようにサドカイ派は常にファリサイ派との組み合わせで登場する。しかし、この組み合わせは史実および地理的にみて不自然である。サドカイ派はファリサイ派と対立していたのであり、また、神殿の祭司職と関係していた彼らがガリラヤを舞台とする 3:7 や 16:1 に登場するのは不自然ともいえる。

11:15 の並行箇所では「不特定の人々」)⁴⁰。マタイ 9:34 もマルコの同じ箇所に由来すると思われるが、ここでもイエスが悪霊の頭の力によっていると非難するのは「ファリサイ派の人々」とされている。

②マタイ 21:45「ぶどう園のたとえ」(マルコ 12:12 に由来、ルカ 20:19 並行)

この話の結末で、イエスを捕らえようとするのはマルコ 12:12「彼ら（＝11:27「祭司長、律法学者、長老たち」）」にかわって「祭司長たちやファリサイ派の人々」である（ルカ 20:19 並行では「律法学者たちや祭司長たち」）⁴¹。

③マタイ 22:15「皇帝への納税」

マルコ 12:13 に比して、ファリサイ派の主体的関与のニュアンスが強められている（ルカ 20:20 では「彼ら（＝ 20:19「律法学者や祭司長たち」）」)。

④マタイ 22:34「最も重要な掟」

マルコ 12:28 以下の非論争的文脈が、ファリサイ派の一人である律法学者がしかける論争へと描き変えられている（ルカ 10:25 の並行箇所ではイエスを試みるのは律法の専門家の一人）。やはりイエスとファリサイ派との対立の描写を先鋭化することが意図されていると考えられる。

⑤マタイ 22:41「ダビデの子論争」

マルコ 12:35 の、イエスが神殿の境内での教えの中で律法学者への疑問を口にする場面が、マタイの編集により、イエスの側からファリサイ派の集団に論争をしかける場面へと改変されている。このファリサイ派への言及と、イエスの側から論争をしかけるという描写は、マタイ 22:34 の論争の場面を受けて、23 章のファリサイ派と律法学者に対する非難へと向かう橋渡しの役目を果たしている。

⑥マタイ 23:1-36「ファリサイ派と律法学者への非難」

マタイはマルコ 12:37b-40 を Q 資料および編集によって大幅に拡張し、律法学者に加えてファリサイ派を執拗なほど非難する。マタイによるファリサイ派批判の総括ともいえる箇所である。

導入部の 23:2-3 における、律法学者とファリサイ派の教えは守るように、

40　Gundry, op. cit., p. 232; ルツ『マタイ (I/2)』、332 頁。
41　本章注 31（本書 57 頁）参照。

2.3 マタイによるマルコ改訂の方向性 (3) ファリサイ派批判

しかしふるまいは見倣わないようにとの警告はマタイによる編集的付加である[42]。

13 節のファリサイ派への言及は Q (ルカ 11:52 並行) への付加である。マタイはここで「偽善者」という批判をも導入し、「災いがあなたがたにあるように、律法学者たちとファリサイ派たち偽善者どもよ」という、この箇所において 6 度にわたって繰り返される定式に組み上げている。15 節には早速にこの定式がマタイによって繰り返される。23 節では Q (ルカ 11:42 並行) におけるファリサイ派批判が上記の定式へと拡張されている。25 節も Q (ルカ 11:39 並行) のファリサイ派批判をやはり定式へと拡張している。26 節のファリサイ派のみに対する非難は、マタイによる付加である。27 節でマタイは Q (ルカ 11:44 並行) の「あなたがた」を定式へと拡張している。29 節もマタイが Q (ルカ 11:47 並行) の「あなたがた」を定式へと拡張している箇所である。

これらの観察から、この 23 章で、マタイは原資料であるマルコにおける律法学者批判に、Q 資料に由来するファリサイ派批判を編集によって強化して加え、さらに「偽善者」という非難によって先鋭化していることがわかる。

以上のようにマタイ編集にはファリサイ派への批判を強化する傾向が明らかである[43]。

2.3.5 マタイ福音書のファリサイ派批判の背景

このようなファリサイ派批判の激化が意味するものについては、福音書記者マタイ (あるいはその属する共同体) が、(彼らにとっての) 現在、直面

---

42 ルツ『マタイ (I/3)』、355 頁はこの句が Q に由来するかマタイの編集に由来するかの判断は難しいとしている。たしかにルカ 11:46 の並行記事が示すように 3 節は Q に由来するが、23 章全体が示すマタイの集中的な編集 (とくにここでは 23:3 と 23:5 における πᾶς の対応) と、この語が果たす強調的機能は、3 節がマタイによる編集句であることを指し示していると考えられる。

43 なお、ルカ福音書においてファリサイ派への言及がなされ、マタイに言及が見られない箇所は、ルカ特殊資料に由来するか (ルカ 14:1, 3; 16:14; 18:10, 11, 14; 19:39)、ルカによる編集付加 (ルカ 5:17, 21; 6:7; 7:30, 36, 37, 39; 11:53; 13:31; 15:2; 17:20) と考えられる。

している状況を反映しているとする説が有力である。

　23 章において、ファリサイ派と律法学者への批判の中で繰り返される「偽善者」（ὑποκριτής）という語の、新約聖書における用例 17 回のうち 13 回はマタイに集中しており（6:2, 5, 16; 7:5; 15:7; 22:18; 23:13, 15, 23, 25, 27, 29; 24:51）、マルコ・Q に由来するものが各 1 例（マルコ 7:6 // マタイ 15:7; ルカ 6:42 // マタイ 7:5）あるほかはマタイ特殊資料もしくは編集に属する。そのうち 6 回が 23 章で律法学者とファリサイ派を非難するために用いられている。また、6 章で偽善者と非難される対象は名指しされていないが、その特徴から律法学者とファリサイ派と結びつけられる[44]。Jesper Svartvik は、この編集傾向は、現在直面しているファリサイ派との対立において、相手を論難し自らの立場を確立するという、マタイの執筆動機に由来しているという[45]。

　Anders Runesson はマタイ福音書の成立をファリサイ派内のセクト運動と位置づけている。マタイの一派は元来、都市に基盤を置くファリサイ派で、おそらく十字架と復活後にイエスがイスラエルのメシアであると確信し、それによって死者の復活とイスラエルの復興の希望を強固なものとするに至った。その希望の成就が近いとして、「普通のユダヤ人」（市民宗教的にユダヤ教を受け入れ民族的アイデンティティの基盤をそこに置いていた人々）へ世の終わりを宣教した。そのことにあたり、大方に受け入れられていた聖典を、独特の解釈をもって参照した。一方で、多数派のファリサイ派はイエスがメシアであることを認めなかった。しかしこれはキリスト論的対立というより、律法解釈の権威をどこに求めるかという論争であったという[46]。

　Matthias Konradt も、マタイが一般群衆と権力者を分ける傾向と、ファリサイ派との激しい対立に注目し、マタイの属する共同体は紀元 70 年以後の

44　Svartvik, op. cit., p. 42 は、トマス福音書 26 との比較から、論争的な性格を持たない伝承をマタイが論争的に編集したとしているが、その根拠として挙げている「偽善者」の付加は、ルカにも見られるものであり、この指摘は疑わしい。

45　Svartvik, op. cit., pp. 27-49.

46　A. Runesson, "Judging Gentiles in the Gospel of Matthew: Between 'Othering' and Inclusion", in D. Gurtner et al. (eds.), *Jesus, Matthew's Gospel and Early Christianity*, T&T Clark, 2011, pp. 126-130.

2.3　マタイによるマルコ改訂の方向性（3）　ファリサイ派批判

ユダヤ教再編において、諸会堂（シナゴーグ）での影響力を持つようになったファリサイ派との対決の渦中にあり、マタイはそれを過去のことがらの回顧として描いているのではない、と述べている[47]。Konradt によれば、マタイにとってファリサイ派が脅威であったのは、マタイ共同体とファリサイ派の宣教対象が重なり合っていたことと、時にファリサイ派の教えがマタイ共同体のメンバーにとってすら魅力的であったためだという[48]。

本項冒頭（2.3, 本書 56 頁）に記したヨセフスの証言にあるように、ファリサイ派は 70 年以後のユダヤ社会において、民衆への大きな影響力を持っていた。そして、現在なお残るユダヤ教の母体となったラビ・ユダヤ教に至る宗教運動を導いていった[49]。その運動の特徴とは、Jacob Neusner によれば、神殿での祭儀的清浄規定を日常生活に持ち込むことであったという[50]。神殿なき今、そこで求められる清浄を日常生活において実践すること、それは、70 年のエルサレム崩壊後、どのように自らの宗教的アイデンティティを保つべきかということへの、ファリサイ派としての答えであった。

Neusner は、ヨセフスが『古代誌』においてファリサイ派の持つ民衆への影響力とともに、彼らが他のサドカイ派やエッセネ派に比べて優れている点を強調していると指摘している[51]。これには、ローマ帝国に対して、ファリ

47　M. Konradt, K. Ess (trans.), *Israel, Church and the Gentiles in the Gospel of Matthew*, Waco, TX: Baylor University Press, 2014, pp. 355-356.

48　Ibid., p. 360, 363.

49　「彼らは、ユダヤ的伝統にとり規範的となった律法と教理を紀元 70 年以降明確に規定したラビ教師を生み出した。現在知られているユダヤ教は、紀元 70 年のエルサレムと神殿の滅亡以前の二世紀間のパリサイ派と共に始まるのである」（J. ニューズナー著、長窪専三訳『パリサイ派とは何か——政治から敬虔へ』、教文館、1988 年、48 頁）。

50　同書、272 頁。マタイ 15:1-20 に描かれる、清浄規定をめぐる論争は、同時代のファリサイ派が実践し、教えていた清浄規定に対する福音書記者マタイの異議申し立てを反映している。

51　A. J. Saldarini, *Pharisees, Scribes and Sadducees*, Grand Rapids, MI: Eerdmans, 2001, Kindle edition, "6. Josephus' Description of the Pharisees and Sadducees, Excursus: Pro-Pharisaic Bias in the Antiquities?" は、この見解が広く支持されていることを認めながらもこれに反論し、『古代誌』にはファリサイ派に対して否定的な箇所も多く、とくに、彼らの好戦的な面など否定的な評価につながる記述もあることを指摘している。Saldarini に

サイ派をユダヤ人の代表にふさわしい集団として示すというヨセフスの意図があったのだと Neusner は論じている。そして、「パリサイ派とローマ人は今や合意に達した。すなわち、パリサイ派は国の平和を保ち、ローマ人は内政の諸事をパリサイ派の手に委ねる、というものであった」[52]という。

このようにして、民衆への影響力と、ローマ帝国からの信任を得たファリサイ派は、ユダヤ人の間で指導的立場へと自らを位置づけていったのである。

ファリサイ派が、神殿とエルサレム崩壊後、アイデンティティの再構築の途上にあったユダヤ教徒の中で、指導的な力を急速に広げ、やがて律法とその解釈を基軸としたラビ的ユダヤ教の形成へと向かったとすれば、同様に自らのユダヤ教徒としてのアイデンティティ再構築の根源をイエスの権威による律法解釈と遵守に求めた福音書記者マタイが、ファリサイ派と、律法の解釈と遵守をめぐって対立を先鋭化していったことは十分に考えられる。我々が観察した、福音書記者マタイによるファリサイ派批判の背景に、このようなファリサイ派と福音書記者マタイとの対立という歴史的構図を置くことは妥当であろう[53]。

ただし、70年以後ファリサイ派が力を得るに至った経緯を、単純に捉えすぎることには注意しなければならない。ユダヤ教は、ユダヤ戦争以前も、またその以後もラビ的ユダヤ教が確立していくまで、多様性をもった運動な

　　よれば、ヨセフスがファリサイ派を評価しているのは、支配者の側に立って世の中の安定に貢献している場合に限られるという。ヨセフスによる、ファリサイ派を含むユダヤ教の諸派に対する評価には、ローマ帝国の権力に反抗した結果としての混乱と破壊という苦い経験が反映されていると Saldarini は述べている。Neusner は、『戦記』と『古代誌』ではファリサイ派の好戦性についての描写が弱められていることに着目し、自説の根拠としている（ニューズナー、前掲書、135頁）。

52　ニューズナー、前掲書、273頁。
53　「70年以後の、ユダヤ教において生きるとはどういうことか、また神殿とそれに関係する政治的な制度なしにユダヤ人共同体の存続を確かなものとするために、その生き方はどのように変わらなければならないのかという議論」の中にこの対立は位置づけられる（A. J. Saldarini, "The Gospel of Matthew and Jewish-Christian Conflict in Galilee", in Levine, L. I. (ed.), *The Galilee in Late Antiquity*, New York: Jewish Theological Seminary of America, 1992, p. 24）。

2.3 マタイによるマルコ改訂の方向性（3） ファリサイ派批判

いしは共同体であった。Peter Fiedler は、エルサレム破壊後のユダヤ教内の諸集団や方向性は、それぞれに、自らを強化するという困難なプロセスの中にあったはずだと指摘している。「ラビ的指導者たち」は、共同体内の影響力をめぐって他の指導的集団と競い、次第にその競争に勝利していったのであり、（マタイの運動を含む）イエス・キリストないし洗礼者ヨハネの支持者から成るメシア的集団もそこに数えられるべきであるという[54]。

福音書記者マタイが強調するファリサイ派批判は、まさに、マタイ自らが目下直面しているユダヤ教の再構成プロセスの中での、ファリサイ派との対立を反映しているのである。

以上、マタイ福音書を、その資料であるマルコ福音書と比較したときに、マタイの編集には「律法遵守の強調」、「異邦人（宣教）への両義的姿勢」、そして「ファリサイ派批判」という特徴がみられることを確認した。続く第3章では、まず、マタイの「律法遵守の強調」という編集意図が根ざす律法観とはどのようなものであったのかについて明らかにしたい。

54　P. Fiedler, *Das Matthäusevangelium* (ThKNT 1), Stuttgart: Kohlhammer, 2006, pp. 23-24.

第3章　マタイの律法理解について

　福音書記者マタイの律法観について考察するには、マタイ福音書において律法の問題を特徴的に示すと考えられる 5:17-20 および 28:18-20 の両箇所についての釈義的考察がその糸口となる。
　マタイ福音書 5:17-20 は、同福音書が記すイエスの説教の中で、最初かつ最長である、いわゆる「山上の説教」（マタイ 5-7 章）の導入部の一部として、山上の説教全体ひいてはマタイ福音書全体が向かう方向を綱領的に示しており、また、マタイの律法理解を端的に示している箇所である。

　　[17]律法を、また預言者を廃絶するために私が来たと思うな。廃絶するためではなく完成（πληρόω）するために私は来た。[18]そこで私はまことにあなたがたに言う。天と地が消え去るまでは、律法から一点また一画も消え去ることはない、すべて（πᾶς）が成るまでは。[19]それゆえ、これらのうち最も小さい掟の一つを破りまた人々にそのように教える者は誰も、天の国で最も小さい者と呼ばれるであろう。しかし行いまた教える者は誰も、この者は天の国で偉大な者と呼ばれるであろう。[20]そこで私はあなたがたに言う、あなたがたの義が、律法学者たちそしてファリサイ派たちをはるかに上回っているのでなければ、あなたがたは天の国に決して入ることはないと。

　この言葉と、マタイ福音書の末尾の 28:18-20 は内容的に呼応関係にあると考えられる。

第3章　マタイの律法理解について

¹⁸ 天における、そして地の上のすべて（πᾶς）の権威が私に与えられた。¹⁹ そこで、あなたがたは行ってすべて（πᾶς）の民を弟子にせよ、彼らを父と子と聖なる霊の名において沈め、²⁰ 私があなたがたに命じたところのすべて（πᾶς）を守ることを彼らに教えよ。そして見よ、私はあなたがたと共にある、世が終わるまでのすべて（πᾶς）の日々に。

　この両箇所には、山における弟子たちの招集という舞台設定、天地への終末論的言及、5:19「掟」（ἐντολή）と 28:20「命じる」（ἐντέλλομαι）の対応関係、5:18 そして 28:18-20 において多用される「すべて」（πᾶς）など共通する要素が多く、両箇所の関連づけを意図した編集が明らかである。
　そして 5:17-20 は、それに続く 5:21-6:4「反対命題」[1] において具体的に示されるイエスの教え全般を綱領的に、律法個々の完全な遵守に向かって方向づけている箇所である[2]。また、28:18-20 は単に 5:17-20 のみを遡及的に指示しているのではなく、その間に挟まれる、イエスの教えすべてを意図していると考えるのが自然であろう。このことから 28:20 の「すべて」（πᾶς）は律法の個々の遵守を含むイエスの教え全体、逆に言えば、イエスの解釈に基づく律法の実践を指していると推察される。
　解釈史上、28 章の復活のイエスはもはや律法の遵守を求めてはいないという解釈類型は広く支持されてきたが、近年、とくにマタイのユダヤ性に注目する釈義家たちの間では、上記のように 28:18-20 のイエスの言葉が山上の説教を遡及的に指示していることが明らかであることから、このイエスの命令は 5:17-20 が示す律法全体の遵守を含むという理解が広がっている。

1　成文律法に対する従来の解釈に対して、イエスが「しかし（そして）私はあなたがたに言う」（ἐγὼ δὲ λέγω ὑμῖν）という定式で始まる独自の解釈を示す箇所（5:21-26, 27-30, 31-32, 33-37, 38-42, 43-48 の 6 箇所）。
2　マタイ 5:18-19 には反対命題のまえがきとして、反対命題が反律法的に解釈されないための方向付けが意図されていると Luz は指摘している（Luz, *Matthew 1-7*, p. 321）。

3.1　マタイが命じる律法の「すべて」（πᾶς）とは何を含むのか

　マタイは律法の文字通りの遵守を要請してはいないという立場は、William D. Davies and Dale C. Allison、小河 陽、Anthony J. Saldarini、Ulrich Luz が唱えている[3]。

　Davies and Allison は、1.4（本書 36 頁）において述べたように、福音書記者マタイは共同体内に共存するユダヤ人キリスト教徒と異邦人キリスト教徒の調停を目的としているという立場をとっている。それゆえ、マタイにとって律法は有効であり続けるべき信仰的遺産であり、異邦人化する教会の中でこの遺産が失われてしまうことをマタイは危惧しているという。しかし、この規定はユダヤ人キリスト教徒にとって尊重されるべきものであり、異邦人は律法を守ることなしに救済に与ることができるのである。福音書記者マタイは、時代を終末が近い過渡期と認識しており、異邦人キリスト教徒は使徒教令（使徒言行録 15 章）に示された規定を守ることでよいとする、当時すでに広く行き渡った見解に同意していると Davies and Allison は述べている。また、5:17-20 においてイエスが語る律法を「成就／完成する」（πληρόω）ことについては、Davies and Allison は、旧約の律法をイエスが乗り越え、律法が意味するところを全うする新しい掟を示したということを表していると論じている[4]。

　しかし、やはり 1.3（本書 31 頁）においてすでに述べたように、ユダヤ人キリスト教徒と異邦人キリスト教徒の相違が律法の遵守の有無にある以上、この結論はユダヤ人キリスト教徒の一方的な譲歩を意味するほかはないことになる。福音書記者マタイにとって、この譲歩と、律法の有効性を支持し、その遵守について弁証しようとする立場を両立することは困難なのではない

---

[3] Davies and Allison, *Matthew 1-7*, p. 685; 小河陽「マタイ福音書における矛盾要素の併存の問題——律法と福音の問題に寄せて」、『神学』（東京神学大学神学会）70 号、2008 年、106-130 頁 ; Saldarini, *Matthew's Christian-Jewish Community*, pp. 124-164. ほかに R. E. Brown and J. P. Meier, *Antioch and Rome: New Testament Cradles of Catholic Christianity*, Mahwah, NJ: Paulist Press, 1983, p. 62 など。

[4] Davies and Allison, *Matthew 1-7*, pp. 485-487.

第3章　マタイの律法理解について

か。

　小河陽は「マタイの文体的特徴を顧慮すれば『すべて』は文字通りに解釈する必要はなく（2:5 参照！[5]）、誇張表現として用いられていると解釈する方が説得力がある」としている。

　この指摘に関しては、マタイ 2:4 の「すべて」は後述のように文字通り「すべて」に受け取られるべきであり、むしろそのような用法こそがマタイの πᾶς の用法における特徴であると反論できる（3.2, 本書 72 頁にて詳述）。

　Saldarini は、福音書記者マタイにとって律法は依然として有効であり変更を加えたり廃棄されたりしてはならないものであるが、イエスが示す愛の掟によって完成されるべきものであると述べる。他のキリスト教徒はイエスが示す愛の掟の優先を、ユダヤ教の律法の廃棄と解釈したが、マタイはこの愛は直接には形にすることができないので、律法によって枠組みを与えられる必要があると考えたのである。それゆえ、献金や清浄規定や食物規定は廃棄されないが、「正義と憐れみと誠実」（マタイ 23:23）に従属すべきものであるという[6]。

　また、割礼についての言及の欠如は、マタイが割礼の有効性を認めていたことを示しているという。もし割礼についての有効性が疑問であれば、マタイのイエスはそれを論じているはずだというのである[7]。一方で Saldarini は逆の可能性についても言及している。ユダヤ人にとってアイデンティティのしるしとして割礼が極めて重要であったのは、アンティオコスⅣ世が割礼を禁じるなどの迫害をユダヤ人に加えたマカベア時代に限られ、ヘレニズム世界におけるユダヤ人たちの関心はむしろ偶像礼拝や食物規定にあったという。また、タルムードには血友病によるもの（バビロニア・タルムード、ペサヒーム 96a; フッリーン 4b; イェバモット 64b）や会衆に加わったばかりの異邦人が過越の食卓に加わる場合（ミシュナー、ペサヒーム 9:5; バビロニア・タルムード、ペサヒーム 92b）など、割礼を受けていない状態のユダヤ人についての証言もわずかに見られることから、マタイの共同体においては割礼

5　小河、前掲論文、121 頁。原文ママ。2:4 のことか。
6　Saldarini, *Matthew's Christian-Jewish Community*, pp. 160-164.
7　Ibid., p. 156.

3.1 マタイが命じる律法の「すべて」(πᾶς) とは何を含むのか

を受けた者とそうでない者が共存していたと論じている[8]。

同様に Luz[9] は、マタイは律法の全体を有効としたが、基本的な要求とそれ以外とを区別したという。初期キリスト教に存在した、律法の遵守を求めた異邦人宣教は、(少なくとも間接的には) マタイ福音書の影響下にあると考えられるが、それらの中にも、割礼や祭儀的規定の遵守を異邦人に求めなかった例 (偽クレメンス文書[10] やイグナティオスの手紙[11] に描かれるユダヤ主義者の例) がある。また、マタイが主流派の教会で急速に受け入れられ権威を認められたのは、マタイ共同体が (祭儀的要請を捨てた) 主流派の方向性を受け入れた結果である。これらのことは、律法のうちでも、より重要なことから、すなわち愛の掟や十戒や倫理規定 (23:23) と、清浄規定や安息日や割礼を含む、より些末な祭儀規定との間の区別が可能にしたのである、というのである。

しかし、Luz 自身が認めているように、マタイ共同体そのものがどのように振る舞ったのか、またその場合に 5:17-20 の要求とどのように折り合いをつけたのかを、これらの外的状況から判断することには困難がある。また、共同体の存在が福音書執筆の動機とどの程度関連するのかについては、福音書執筆の背景として共同体の存在を仮定すべきかどうかと共に、検討される必要があることはすでに指摘したとおりである[12]。

「すべて」が律法の遵守を含むとする立場では、Roger Mohrlang[13] は「マタイにとって律法はその全体が有効であり、かつ、キリスト者共同体にとっては神の意志の権威ある表現でありつづけて」いるとしている。そしてマタイ

---

8 Ibid., pp. 159-160.
9 Luz, *Matthew 1-7*, pp. 93-94.
10 例として「ヤコブへのペテロの手紙」2:3-5、「講話」第 11 巻 28:3 等 (青野太潮訳「ペテロの宣教集」、『聖書外典偽典』別巻・補遺Ⅱ、教文館、1982 年)。
11 例として「マグネシアのキリスト者へ」8:1-9:1; 10:3、「フィラデルフィアのキリスト者へ」6:1 等 (八木誠一訳「イグナティオスの手紙」、荒井献編『使徒教父文書』、講談社文芸文庫、1998 年)。
12 1.5 (本書 37 頁) 参照。
13 R. Mohrlang, *Matthew and Paul: A Comparison of Ethical Perspectives* (SNTSMS 48), Cambridge: Cambridge University Press, 1984, p. 19.

の律法重視の姿勢は、たとえば安息日論争（12:1-14）に関するマルコの記事にマタイが加えた編集（マルコ 2:27「人の子が安息日のためにあるのではない」という文の削除に見られる、主張の緩和など）に明らかであるという[14]。

David. C. Sim[15] は、マタイ 5:17-19 を重視するならば、イエスの再臨前（天地が消え失せるまで）の世界宣教においては律法遵守の福音が伝えられなければならないとし、それゆえ異邦人改宗者には洗礼と同様に割礼も要求されたはずだという立場をとっている。マタイ福音書の末尾で割礼ではなく洗礼のみが言及されるのは、5:17-19 において要求される律法遵守に割礼がすでに含まれているためであるというのである。

これらの観察は、前章において述べた、マタイが福音書全体を律法遵守へと方向付けようとしているというマタイの編集上の特徴と合致する。

以上を踏まえ本章では、マタイ 28:20 の「すべて」（πᾶς）の指示内容を、当該語の語義的研究（とくにマタイの用例における特徴の分析）を通して明らかにすることによって、福音書記者マタイが福音書の末尾においてなお律法全体の遵守を主張していることの論証を試みる。また、あわせて、28:18-20 における πᾶς が示す、マタイの宣教対象に関する考察を行う。

3.2 語義的研究および釈義

28:20 の πᾶς の指示内容を探る手がかりとして、まず、マタイ福音書全体における同語の意味内容について考察したい。

マタイ福音書中、πᾶς は 129 回使用されている。これはルカ文書（使徒言行録 171 回、ルカ福音書 158 回）に次ぐ頻度であり（次に多いのはⅠコリントの 112 回）、また後述のようにマタイの編集（編集句および独自の箇所）

14　Ibid., p. 10.

15　D. C. Sim, "Matthew, Paul and the Origin and Nature of the Gentile Mission: The Great Commission in Matthew 28:16-20 as an Anti-Pauline Tradition", *Hervormde Teologiese Studies* 64, 2008, pp. 377-392.

に用例が集中していることから、マタイが πᾶς を好んで使用する[16]傾向にあることがわかる。また、マルコ福音書における用例 67 箇所のうち、マタイとの並行箇所は 58 箇所にのぼるが、うち 34 箇所においてマタイは πᾶς を採用していない。この事実からマタイは単に πᾶς という語を好むだけではなく、意図をもって技巧的にこの語を使用する傾向にあることがわかる。

3.2.1　用例の分類について

　本項では、マタイ福音書における πᾶς の用法に示されるマタイの神学的意図を読み取るため、マタイの編集に由来する πᾶς の意味内容を分析することを試みる。すなわちマタイ特殊資料もしくは編集に由来する πᾶς の用例を、用法および意味内容から、大別して以下の 5 つの類型に分類する[17]。

カテゴリ 1：個々の構成要素からなる全体性

　個別の実体をもつ構成要素や部分の包括的な集合によって形成される全体を指し示す用例。いわゆる「全部」や「すべて」といった日本語訳をあてはめることができる。

例 1-1）形容詞的用法。冠詞なしの名詞に。

マタイ 3:15

ἀποκριθεὶς δὲ ὁ Ἰησοῦς εἶπεν πρὸς αὐτόν· ἄφες ἄρτι, οὕτως γὰρ πρέπον ἐστὶν ἡμῖν πληρῶσαι <u>πᾶσαν δικαιοσύνην</u>.

16　Luz, *Matthew 1-7*, pp. 69-70.

17　5 つのカテゴリ分けについては、F. W. Danker, W. Bauer, W. F. Arndt, and F. W. Gingrich (eds.), *A Greek-English Lexicon of the New Testament and Other Early Christian Literature, 3rd edition*, Chicago: University of Chicago Press, 2000, pp. 782-784（以下 BDAG と略）を参考にした。また、B. Reicke / G. Bertram, Art. πᾶς, ἅπας, in G. Kittel and G. Friedrich (eds.), G. W. Bromley (trans.), *Theological Dictionary of the New Testament*, vol.V, Grand Rapids, MI: Eerdmans, 1968, pp. 886-896 の、形容詞的／名詞的用法、定冠詞あり／なしという分類も参考にした。なお、隣接語の ἅπας についてはマタイにわずか 3 例であり（6:32; 24:39; 28:11）、特徴を論ずることが困難と判断して、本研究では扱っていない。

イエスは彼に言った。「今は許していただきたい。すべての義を全うすることは我々にふさわしいからである。」

例1-2）形容詞的用法。冠詞つきの名詞または分詞に。
　マタイ 7:21
　　Οὐ <u>πᾶς ὁ λέγων</u> μοι· κύριε κύριε, εἰσελεύσεται εἰς τὴν βασιλείαν τῶν οὐρανῶν,
　　私に向かって「主よ、主よ」と<u>言う者たちのすべて</u>が天の国に入るわけではない、

例1-3）形容詞的用法。冠詞つきの複数形の名詞に。
　マタイ 26:1
　　Καὶ ἐγένετο ὅτε ἐτέλεσεν ὁ Ἰησοῦς <u>πάντας τοὺς λόγους τούτους</u>, εἶπεν τοῖς μαθηταῖς αὐτοῦ·
　　イエスは<u>これらのすべての言葉を</u>〔語り〕終えたとき、彼の弟子たちに言った。

例1-4）形容詞的用法。冠詞つきの複数形の分詞に。
　マタイ 21:12
　　Καὶ εἰσῆλθεν Ἰησοῦς εἰς τὸ ἱερὸν καὶ ἐξέβαλεν <u>πάντας τοὺς πωλοῦντας καὶ ἀγοράζοντας</u> ἐν τῷ ἱερῷ,
　　イエスは神殿に入り、神殿で<u>売っている者たちと買っている者たち全員を</u>追い出し、

例1-5）形容詞的用法。前置詞句に。
　マタイ 5:15
　　οὐδὲ καίουσιν λύχνον καὶ τιθέασιν αὐτὸν ὑπὸ τὸν μόδιον ἀλλ᾽ ἐπὶ τὴν λυχνίαν, καὶ λάμπει <u>πᾶσιν τοῖς ἐν τῇ οἰκίᾳ</u>.
　　誰しもランプを点けてそれを枡の下には置かない、しかし燭台の上に〔置く〕、するとそれ〔そのランプ〕は<u>家の中のすべてを</u>照らす。

3.2 語義的研究および釈義

例 1-6) 形容詞的用法。代名詞と共に。
マタイ 23:8
ὑμεῖς δὲ μὴ κληθῆτε ῥαββί· εἷς γάρ ἐστιν ὑμῶν ὁ διδάσκαλος, <u>πάντες δὲ ὑμεῖς</u> ἀδελφοί ἐστε.
あなたがたはラビと呼ばれ〔てはなら〕ない。なぜならあなたがたの教師は一人で、<u>あなたがた全員</u>が兄弟だからである。

例 1-7) 形容詞的用法。指示代名詞と共に。
マタイ 13:34
<u>ταῦτα πάντα</u> ἐλάλησεν ὁ Ἰησοῦς ἐν παραβολαῖς τοῖς ὄχλοις καὶ χωρὶς παραβολῆς οὐδὲν ἐλάλει αὐτοῖς,
イエスは<u>これらすべて</u>をたとえで群衆に話し、彼らにたとえ無しでは話さなかった。

例 1-8) 形容詞的用法。関係代名詞と共に。
マタイ 7:12
<u>Πάντα οὖν ὅσα ἐὰν θέλητε</u> ἵνα ποιῶσιν ὑμῖν οἱ ἄνθρωποι,
そこで人々があなたがたにするようにと<u>あなたがたが望むことは何であれすべて</u>、

例 1-9) 名詞的用法。
マタイ 15:37
καὶ ἔφαγον <u>πάντες</u> καὶ ἐχορτάσθησαν.
<u>全員</u>が食べ、満腹した。

例 1-10) 名詞的独立用法。
マタイ 22:4
ἰδοὺ τὸ ἄριστόν μου ἡτοίμακα, οἱ ταῦροί μου καὶ τὰ σιτιστὰ τεθυμένα καὶ <u>πάντα ἕτοιμα</u>.
さあ、私のところの食事を整えました。私の雄牛も肥えたものも屠られ<u>す</u>

べては整っています。

　この他に、このカテゴリに分類しうる用例は以下のとおり（上記の 10 例と合わせて 64 箇所。本書 79 頁の表参照）。
　2:4, 16[18]; 4:24; 5:18, 22, 28, 32; 6:32, 33; 7:8, 17, 19, 26; 9:35; 11:13, 28; 12:15; 13:19, 41, 44, 46, 51, 52, 56 (×2); 14:35; 15:13; 18:16, 25, 26, 31, 32, 34; 19:11, 29; 22:10, 28; 23:3, 5, 20, 36; 24:2, 8, <u>14</u>, <u>30</u>, 33; 25:5, 7, 31, <u>32</u>; 26:52; 27:1; <u>28:19</u>[19], 20b

カテゴリ 2：全体性から抽出される個別的実体

　個別の実体と集合の関係性はカテゴリ 1 と同様であるが、それとは逆にその全体的集合から個別の例などを抽出しようとする観点が意図される場合。日本語訳では「いかなる」が妥当する。

例 2-1) 形容詞的用法。定冠詞なしの単数形の名詞に。
　マタイ 19:3
　εἰ ἔξεστιν ἀνθρώπῳ ἀπολῦσαι τὴν γυναῖκα αὐτοῦ <u>κατὰ πᾶσαν αἰτίαν</u>;
　ある人にとってその妻を追い出すのは<u>いかなる理由によれば</u>ふさわしいか？

例 2-2) 前置詞と共に。
　マタイ 18:10
　λέγω γὰρ ὑμῖν ὅτι οἱ ἄγγελοι αὐτῶν ἐν οὐρανοῖς <u>διὰ παντὸς</u> βλέπουσι τὸ

18　2:16 の「すべての男の子を」（πάντας τοὺς παῖδας）はカテゴリ 1、「そのあらゆる地帯の」（ἐν πᾶσι τοῖς ὁρίοις αὐτῆς）はカテゴリ 4 と判断した。
19　下線の箇所は「すべての民」πάντα τὰ ἔθνη（もしくはその格変化形 πάντων τῶν ἐθνῶν, πᾶσιν τοῖς ἔθνεσιν）という定型句が用いられている箇所である（24:30 には同義の別単語が用いられている（πᾶσαι αἱ φυλαί））。これらはカテゴリ 4 とする判断も可能であるが、いずれもカテゴリ 1 と判断した。

3.2 語義的研究および釈義

πρόσωπον τοῦ πατρός μου τοῦ ἐν οὐρανοῖς.
　そこで私はあなたがたに言う、天にある彼らの使いは<u>すべてを通じて〔＝いかなる時も〕</u>天にある私の父の顔を見ていると。

　他に、このカテゴリに分類しうる用例は 4:4; 12:36; 18:19、上記の例と合わせて 5 箇所である。

カテゴリ 3：非常に高い度合いであることを示す指標

　あることがらが極めて高い度合いにあることの強調表現。

例 3-1）単数形の定冠詞なしの名詞と。
　マタイ 6:29
λέγω δὲ ὑμῖν ὅτι οὐδὲ Σολομὼν <u>ἐν πάσῃ τῇ δόξῃ αὐτοῦ</u> περιεβάλετο ὡς ἓν τούτων.
　私はあなたがたに言う、<u>その栄光の極みにある</u>ソロモンでさえ、これらの〔花の〕一つのようにも着飾っていなかったと。

カテゴリ 4：高い完全性や全体性に関して

　すべてを網羅していることの表現。欠けのない完全性や全体性の表示。「あらゆる」や「全部」などの訳に相当。

例 4-1）単数形の定冠詞なしの名詞と。
　マタイ 12:25
<u>πᾶσα βασιλεία</u>[20] μερισθεῖσα καθ᾽ ἑαυτῆς ἐρημοῦται καὶ <u>πᾶσα πόλις ἢ οἰκία</u> μερισθεῖσα καθ᾽ ἑαυτῆς οὐ σταθήσεται.
　自らに逆らい分かれる<u>あらゆる王国</u>は滅びる。自らに逆らい分かれる<u>あら</u>

20　この箇所はルカとの小一致（小一致については本章注 25, 本書 81 頁参照）。

ゆる町も家も立たない。

例 4-2） 単数形の定冠詞つきの名詞と。

マタイ 8:34

καὶ ἰδοὺ <u>πᾶσα ἡ πόλις</u> ἐξῆλθεν εἰς ὑπάντησιν τῷ Ἰησοῦ καὶ ἰδόντες αὐτὸν παρεκάλεσαν ὅπως μεταβῇ ἀπὸ τῶν ὁρίων αὐτῶν.

見よ、<u>町全部が</u>イエスに会いに外に出てきて、彼を見て彼らの領域から去ることを願った。

例 4-3） 名詞的用法。定冠詞なし。

マタイ 27:22

λέγει αὐτοῖς ὁ Πιλᾶτος· τί οὖν ποιήσω Ἰησοῦν τὸν λεγόμενον χριστόν; <u>λέγουσιν πάντες</u>· σταυρωθήτω.

ピラトは彼らに言った。「それではキリストと言われるイエスを私はどうするのか。」<u>彼ら全員が言った</u>。「十字架にかからせろ。」

他に、このカテゴリに分類しうる用例は以下のとおり。上記の用例と合わせて 14 箇所である。

1:17; 2:3, 16[21]; 3:5 (×2); 8:32, 33; 12:23; 26:70; 27:25, 45

カテゴリ 5：様々な種類によって構成される全体性

カテゴリ 1 と異なるのは、全体に対する部分が個別の実体ではなく種類である点。「あらゆる種類の」などの訳に相当。

例 5-1） マタイ 4:23 (×2)

Καὶ περιῆγεν ἐν ὅλῃ τῇ Γαλιλαίᾳ διδάσκων ἐν ταῖς συναγωγαῖς αὐτῶν καὶ κηρύσσων τὸ εὐαγγέλιον τῆς βασιλείας καὶ θεραπεύων <u>πᾶσαν νόσον καὶ πᾶσαν</u>

21　本章注 18（本書 76 頁）参照。

3.2 語義的研究および釈義

μαλακίαν ἐν τῷ λαῷ.
　彼（イエス）はガリラヤ全体を巡り、彼らのシナゴーグで教え、王国の福音を宣教し、民の中のあらゆる疾病とあらゆる病弱とを癒した。

　他に、このカテゴリに分類しうる用例は以下のとおり。上記の用例と合わせて 11 箇所である。
5:11; 8:16; 9:35 (×2); 10:1 (×2); 13:47; 23:27; 28:18

　以上の分類を 129 例にあてはめた結果は表のとおりである[22]。ここでは、意味のカテゴリわけとともに、個々の記述が資料あるいは編集のいずれに由来するのか、という分類とあわせた分析を試みた。
　ただし、28:20a はこの分類において仮に未決定としている。この用例についての判断を導出することは次項（3.3, 本書 85 頁）の目的としたい。

	マタイ編集由来				Q 由来 / 小一致				マルコ由来			
	形容・冠有	形容・冠無	名詞・冠無	計	形容・冠有	形容・冠無	名詞・冠無	計	形容・冠有	形容・冠無	名詞・冠無	計
カテゴリ 1	32	24	8	64	3	5	1	9	5	5	8	18
カテゴリ 2	0	4	1	5	0	0	0	0	0	1	0	1
カテゴリ 3	1	0	0	1	0	0	0	0	0	0	0	0
カテゴリ 4	9	2	3	14	1	0	1	2	2	0	1	3
カテゴリ 5	1	9	1	11	0	0	0	0	0	0	0	0
未決定	0	1	0	1	0	0	0	0	0	0	0	0
	43	40	13	96	4	6	1	11	7	6	9	22

表　πᾶς の用例分類

上記の用例の傾向から観察されることは以下のとおりである。
　1) マタイにおける πᾶς はその用例のおよそ 4 分の 3（129 例中 96 例）がマタイの編集または特殊資料に集中しており、マタイが好んで使う語である

22　BDAG の分類に同意しなかった主な箇所は以下のとおり。
マタイ 18:32 ⇒ BDAG はカテゴリ 4 と判断しているが、このエピソードにおける πᾶς はカテゴリ 1 として強調の機能を果たしており πᾶσαν τὴν ὀφειλήν（負債全部）だけをカテゴリ 4 とすることは不自然である。マタイ 21:26 ⇒ BDAG はカテゴリ 1 と判断しているが、群衆を指す以上、個別性は捨象されている（カテゴリ 4）と考えるべきではないか。

こと。
  2) 用例の6割はカテゴリ1に分類されること。
  3) 第5カテゴリの用例はマタイに非常に特徴的である。実際、マルコおよびルカの用例にはこのカテゴリに分類されうるものは極めて少ない[23]。
  4) 第2・第4カテゴリも、マタイ編集に帰されうる用法である。

3.2.2　マタイ編集における πᾶς の削除について

次に、マルコからマタイが持ち込まなかった πᾶς については以下のとおりである。

  1) 描写の簡素化によると思われるもの（計12箇所）

マルコ 4:32= マタイ 13:32, マルコ 5:5= マタイ 8:28, マルコ 5:26= マタイ 9:20, マルコ 5:33= マタイ 9:21, マルコ 6:50= マタイ 14:26, マルコ 7:3= マタイ 15:1, マルコ 7:37= マタイ 15:31, マルコ 9:15= マタイ 17:14, マルコ 9:23= マタイ 17:17, マルコ 9:35（×2）= マタイ 18:1, マルコ 14:36= マタイ 26:39

  2)「群衆」（ὄχλος）に対する πᾶς。マタイは ὄχλος に対して使用される πᾶς を削除する傾向にある。逆に、マタイ自身の編集に由来する ὄχλος への πᾶς 使用は2箇所のみである（12:23 および間接的な用法として 12:15）。

  例）言い換え（πᾶς から ὄχλος へ）
    πάντας（マルコ 2:12）⇒ οἱ ὄχλοι（マタイ 9:8）[24]
    ἐκβαλὼν πάντας（マルコ 5:40）⇒ ἐξεβλήθη ὁ ὄχλος（マタイ 9:25）
  例）語の削除（4箇所）
    マルコ 2:12 ⇒マタイ 9:7, マルコ 6:33 ⇒マタイ 14:13, マルコ 6:39 ⇒マタイ 14:19, マルコ 7:14 ⇒マタイ 15:10
  例）場面の変更または削除（4箇所）
    マルコ 2:13 ⇒マタイ 9:9……マタイはここで、マルコの元記事からイエスが湖へと出かけ、群衆が集まり、イエスが教えるという一連の

23　マルコ 7:19 が該当か。また、ルカ 12:15 が該当しうるが、カテゴリ1とするほうが意味上適切と思われる。
24　ルカ 5:26 並行は ἅπαντας を用いる。

導入的描写を削除している。

マルコ 6:41 ⇒ マタイ 14:19……「二匹の魚も全員に分けた」を省くのはルカとの小一致[25]。

マルコ 11:18 ⇒ マタイ 21:16……マルコの「すべての群衆（πᾶς γὰρ ὁ ὄχλος）が彼の教えに驚いていた」[26] を削除し、かわりに、祭司長たちや律法学者たちとイエスのやりとりを付加するための変更。

3) 律法理解に由来すると考えられるもの

マルコ 12:28「どれがすべての中で第一の掟（ἐντολὴ πρώτη πάντων）なのか？」 ⇒ マタイ 22:36「どの掟が律法の中で大きいか（μεγάλη ἐν τῷ νόμῳ）？」

マルコ 12:33「どの燔祭や犠牲よりも優れている（περισσότερόν ἐστιν πάντων τῶν ὁλοκαυτωμάτων καὶ θυσιῶν）」 ⇒ マタイ 22:40「これら二つの掟に律法と預言者全体が掛けられている（ἐν ταύταις ταῖς δυσὶν ἐντολαῖς ὅλος ὁ νόμος κρέμαται καὶ οἱ προφῆται.）」

これらの箇所でマタイが律法に対して「すべて」を用いないのは、個々の掟の集合体である律法全部（πᾶς）が神を愛し、隣人を自分のように愛するという二つの掟によって代替されるという発想を慎重に避け[27]、概念的な「律

---

25 小一致（Minor Agreements）とは、マルコ福音書に基づくと考えられる箇所で、マタイ福音書とルカ福音書が揃ってマルコ福音書の記述に反するケースをいう。マタイとルカが一致してマルコに付加または改変を加えているように見えるケース（例として、マルコ 14:65 にマタイ 26:68 とルカ 22:64 が「お前を殴ったのは誰か？」（τίς ἐστιν ὁ παίσας σε;）を付加）と、一致して単語ないしは箇所を削除しているように見えるケース（本文参照）がある。二資料説あるいはマルコ優先説にとっては「最も深刻な困難」（Davies and Allison, *Matthew 1-7*, p. 109）ではあるが、小一致を統一的にすべて説明し、二資料説を乗り越える有力な仮説は存在しない。

26 ルカ 19:48 並行では「すべての民衆が（ὁ λαὸς γὰρ ἅπας）彼に聞くことに熱心であった」。

27 「一般的に、ユダヤ的伝統ではこのような序列化は推奨されない」（Svartvik, op. cit., p. 38）。

第3章　マタイの律法理解について

法全体」（ὅλος）をこれら二つの掟が象徴するということを示す意図があると考えられる[28]。律法はこれら二つの掟によって代表されるが、他の個々の掟もなお欠くことはできないのである（マタイ 5:17-20）。

また、マルコ 7:19 ⇒マタイ 15:17 では律法における清浄規定を無化するかのような句をマタイは削除している[29]。

4）マタイの神学的理解に由来すると考えられるもの
①民の責任　マルコ 14:64 ⇒マタイ 26:66 における削除。

マタイは 26:66 においてマルコ資料から最高法院「全員」をいったん削除し、27:22 の群衆がイエスを十字架につけよと叫ぶ場面に「皆」（πάντες）を付加し、また、ピラトの自己弁護に対し「民衆すべて」（πᾶς ὁ λαός）が「彼の血〔の責任〕は、我々と子孫の上に〔ある〕」（27:25）と答える場面を付加することによって、イエスの十字架の責任がユダヤ民衆全体におよぶことを強調しているかのようである。この箇所もまた、救済史的転換モデル（1.3,

---

28　ὅλος は "whole", "complete", "undevided", "intact" を意味する（H. Seesemann, Art. ὅλος, *TDNT* vol.V, p. 174）。ὅλος ὁ νόμος は新約ではマタイ当該箇所のほかにガラテヤ 5:3、ヤコブ 2:10 に用いられるが、七十人訳には見られない用例である。ガラテヤ書、ヤコブ書いずれの用例も、個々の掟の集合体としての律法を指すようにも解釈可能であるが、むしろ ὅλος の語義からは律法の全体性・包括性・不可分性を指示していると解釈すべきであろう。一方 πᾶς ὁ νόμος は新約ではガラテヤ 5:14 にのみ用例があり、やはり個々の掟の集合体もしくは包括的な律法全体のどちらにも解釈可能である。七十人訳では関連表現も含めて 20 例が数えられる。πᾶς ὁ νόμος（歴代下 33:8; 申命 24:8; 列王下 17:13、計 3 例）、πᾶς ὁ νόμος μου（レビ 19:37、1 例）、πᾶς ὁ νόμος οὗτος（民数 5:30; 申命 4:8; 27:8、計 3 例）、πᾶς ὁ νόμος Μωυσῆ（列王下 23:25; 歴代下 35:19、計 2 例）、πάντες οἱ λόγοι τοῦ νόμου τούτου（申命 27:3, 26; 31:12, 24; 32:44, 46、計 6 例）、πάντα τὰ ῥήματα τοῦ νόμου τούτου（申命 28:58; 29:28、計 2 例）、πάντα τὰ γεγραμμένα ἐν τῷ βιβλίῳ τοῦ νόμου Μωυσῆ（ヨシュア 23:6、1 例）、πάντα τὰ γεγραμμένα ἐν νόμῳ κυρίου（歴代上 16:40、1 例）、πάντα τὰ κατὰ τὸν τοῦ θεοῦ νόμον（Ⅰエズラ 8:21、1 例）。用例の多くでは律法の逐条的遵守を指す。これは本研究において扱っているマタイ 28:20 における πᾶς の意味内容と近く、なぜマタイが πᾶς ὁ νόμος という表現を避けた（ように見える）のかは未解決の課題である。

29　2.1-④（本書 51 頁）参照。加えてルツ『マタイ (I/2)』、549 頁参照。

3.2 語義的研究および釈義

本書 26 頁参照）の有力な根拠とされてきた箇所[30]だが、一方でまさに反ユダヤ主義を正当化するために用いられてきた言葉でもある[31]。確かに、ここで用いられる「民」（λαός）はマタイ福音書の中では「神の民イスラエル」と結びついたキーワードとして用いられており（1:21; 2:6; 4:23 等）、27:25 の πᾶς ὁ λαός も全イスラエルを含意していると考えられる。しかしここで意図されているのは、救済史的帰結としての全イスラエルの排除ではない[32]。

なお、捕縛され大祭司のもとに連行されるイエスのところに「すべての祭司長、長老、律法学者が集まった」（マルコ 14:53）から「そこに律法学者たちと長老たちが集まっていた」（マタイ 26:57）への改変も上記に伴う変更と考えられる。

②宣教理解に関するもの　マルコ 11:17 ⇒ マタイ 21:13 における削除。
「私の家は、すべての民の祈りの家と呼ばれるべきである」から、マタイ

30　一例として、「マタイによる 25 節の編集は、ユダヤ人から教会への王国の移行を印象付ける」（Gundry, op. cit., p. 565）。

31　「ここで紹介された〔λαός が神の民イスラエルであるという〕第二の解釈型は教会的解釈を支配しており、後になって、ユダヤ人に対するキリスト教徒や教会の振る舞いをも災いに満ちた仕方で左右した」（ルツ『マタイ（I/4）』、342 頁）。

32　マタイのこの編集を、救済史的枠組みから理解することに反対して、注解者たちは以下のように論じている。πᾶς ὁ λαός について、角田、前掲書、19 頁は「祭司長、長老たちにそそのかされたエルサレムの民衆以外ではない」と述べる。小河『マタイ福音書神学の研究』、380-384 頁は、ユダヤ人指導者の雄弁と甘言に欺かれたユダヤ民族全体を表しているという。Nolland, op. cit., pp. 1178-1179 は直接に指示されている意味内容は全イスラエルだが、前後の物語からはユダ、ペトロほかの弟子たちも含めすべての人間が十字架によって罪を負い、しかしそれゆえにすべての人間が救いにあずかるのであるという。他方で、ルツ『マタイ（I/4）』、345 頁は 23:35-36 から、罪を負うのは「この世代」であり、エルサレム破壊こそがこの罪に対して下された裁きであるという。また、須藤伊知郎「Blut und Schuld in Mt 27, 19f. 24f.（マタイ 27:19-20, 24-25 における血と責任）」、『西南学院大学神学論集』（西南学院大学学術研究所）57 巻 1 号、1999 年、1-15 頁は、当該箇所においてマタイの編集は祭司長や長老たちの責任に加え、ローマ総督ピラトの罪責を強調しており、民は免責されてはいないものの、ユダヤ人にイエスの血の責任を負わせ異邦人を免責するような解釈は誤りであるという。

第3章　マタイの律法理解について

はマルコの引用元であるイザヤ 56:7 に反して「すべての民」を削除する。これは第 5 章に詳述する、マタイの諸民族宣教への姿勢に由来する変更であると考えられる。

5）その他

①マタイ 13:18 は、種まきのたとえの導入句であるが、ルカ 8:11 並行とそれぞれに、マルコ 4:13 における弟子たちの無理解に対するイエスの叱責を軽減するにあたって、「どのようにして〔他の〕<u>すべて</u>のたとえを理解するか」という句を削除している[33]。

②マタイ 13:35 は、イエスがたとえによらずに弟子たちに<u>すべて</u>を説明したとするマルコ 4:34 を、詩編 78:2「私はたとえに口を開き、始めから隠されてきた事を語り出そう」の成就引用へと差し替える。

③マタイ 14:12 は、マルコ 6:30 から「〔弟子たちが〕なし、教えたこと<u>すべて</u>〔を報告した〕」を削除している。マルコではヨハネ殺害を受けて、別場面としてイエスの弟子たちが宣教の報告をする場面を挿入し、五千人の給食の導入としているのに対し、マタイでは、イエスに報告するのはヨハネの弟子たちであり、報告内容もヨハネ殺害の件である。ただし五千人の給食の導入の役割を果たしていることは同じである。

④マタイ 20:27 は「<u>すべての</u>〔人の〕奴隷」（マルコ 10:44）を「あなたがたの奴隷」へ変更している。マタイ 20:25-28 は「あなたがたの間の」ことがらについて述べる交差配列を形成しており、これに合致させるための改変と考えられる[34]。

⑤マタイ 24:3 は、マルコ 13:4 における、イエスによるエルサレム神殿崩壊の予告に対して、その予告が<u>すべて</u>実現するまでにどんな前兆があるかと尋ねる弟子たち[35]の問いが、「世の終わり」についての問いに改変されるにともなう削除と考えられる。

---

[33] ルツ『マタイ (I/2)』、408 頁。
[34] ルツ『マタイ (I/3)』、196 頁。
[35] マルコではペトロ、ヤコブ、ヨハネ、アンデレと個人名が挙げられているが、マタイでは「弟子たち」とまとめられている。

⑥マタイ 24:25 は、マルコ 13:23 の「あなたがたにはすべてを前もって言う」というイエスの言葉から、「すべて」を削除している。
⑦マタイ 25:13 はマルコ 13:37 における弟子たちへの警告から「あなたがたに言うことを、私はすべて〔の人〕に言う」を削除している。

以上のテクスト観察と分析によって明らかなように、マタイは編集上の判断に基づいて意図的に πᾶς を使用していると結論づけることができる。

3.3 πάντα ὅσα について

ここで、前項 3.2（本書 79 頁）において保留にしたマタイ 28:20「あなたがたに命じたところのすべてを守るように」（τηρεῖν πάντα ὅσα ἐνετειλάμην ὑμῖν）の釈義を試みたい。この箇所における「すべて」とは、カテゴリ 1 に属する、全体に含まれる内実について「個々の具体性」が強く意識されている用法であるのか、または、カテゴリ 4 のように、「全体性」が強く意識され、個々の内実については抽象的なままであるのか、もしくはカテゴリ 5 のように全体を構成する様々な「種類」が問題になっているのであろうか。

そのことを判断するために、マタイ福音書における πάντα ὅσα（all which, all who）の用例に注目したい。πάντα ὅσα の用例はこの箇所に下記の 6 例を加えた 7 箇所であり、いずれもマタイの編集に由来し、前項における分類では、カテゴリ 1 に属する[36]。

①マタイ 7:12　Πάντα οὖν ὅσα ἐὰν θέλητε ἵνα ποιῶσιν ὑμῖν οἱ ἄνθρωποι,（そこで人々があなたがたにするようにとあなたがたが望むことは何であれすべて）
この箇所の πάντα ὅσα はマタイによる Q への付加である[37]。内容的に個々の要求が意識された「全部」であり、すなわちカテゴリ 1 と判断される。

36　7:12 はカテゴリ 4 とする判断もありうる。
37　ルカの並行箇所にマタイが好むこれらの語が欠けていることからの判断。Luz, *Matthew1-7*, p. 362 も πάντα はマタイに由来するとしている。

②マタイ 13:44　πάντα ὅσα ἔχει（持っているものすべて）
③マタイ 13:46　πάντα ὅσα εἶχεν（持っているものすべて）

13:44-50 の、天の国に関する三連のたとえ（「畑を買う人」、「真珠を買い求める商人」、「選別される魚」）において πᾶς は鍵言葉として機能している。このうち前二つのたとえはとくに πάντα ὅσα が共通して用いられている。これらの語はマタイ特殊資料または編集に由来すると考えられる[38]。意味内容は個々の所有物から構成される例外のない「すべて」と考えられることから、カテゴリ 1 と判断される[39]。

④マタイ 18:25　πάντα ὅσα ἔχει（持っているものすべて）

ここでの πάντα ὅσα もまたマタイ特殊資料に由来すると考えられる[40]。王の厳しさが例外のない「すべて」を売って返済を要求することにより印象付けられている。

⑤マタイ 21:12　πάντας τοὺς πωλοῦντας καὶ ἀγοράζοντας ἐν τῷ ἱερῷ（神殿で売っている者たちと買っている者たちのすべてを）

マタイは「売る者たちや買う者たち」に「全員」を付け加えることで[41]、神殿からイエスがこれらの人々を徹底して追い出したことを強調していると考えられる。

⑥マタイ 23:3　πάντα οὖν ὅσα ἐὰν εἴπωσιν ὑμῖν ποιήσατε（だから、彼らがあなたがたに言うことの全部は実行せよ）

2.3.4-⑥（本書 60 頁）にて既述のとおり、23 章全体はマタイがマルコと Q を結合し、さらに拡張し、論敵への激しい攻撃を展開している段落である。ここでは具体的な個々の掟が πᾶς の内実として想定されていると考えられる。

38　「言語的に、二つのたとえは相当強烈にマタイ好みの語彙に浸透されている。（……）彼がそれを口頭伝承から受け継ぎ、自分で初めて文書化したというのが最も蓋然性が高い」（ルツ『マタイ（I/2）』、450-451 頁）。

39　三つ目のたとえの πᾶς γένος（あらゆる種類）はカテゴリ 5 と判断される。

40　ルツ『マタイ（I/3）』、90 頁は本章注 38 と同様、マタイが口頭伝承を編集したという判断を示している。

41　あるいはマルコ 11:16「また〔誰かが〕器ものを持って宮の庭を通り抜けるのをお許しにならなかった」（καὶ οὐκ ἤφιεν ἵνα τις διενέγκῃ σκεῦος διὰ τοῦ ἱεροῦ.）からの着想か。

これらの用例（とくに 28:20 と構文上並行する 23:3）からは、28:20 もまた、個々の内実からなる全体について述べる、カテゴリ 1 の用法であることが類推される。さらに、3.2 項で確認したように、マタイ福音書全体における πᾶς の用例の多くがカテゴリ 1 であることもこの類推を補強する要素である。

これらに従って理解したときに当該テクストでは、イエスが命じたことをすべて、ことごとく守ること、すなわち実践することが、求められているということになる。それは抽象的な「すべて」ではない。イエスの解釈に基づく律法の具体的な実践なのである。

マタイは神の前での人の正しさを示す「義」という用語あるいは概念を、律法を πληρόω（完成する、成就する、満たす）することであると捉えている。

まず、イエスの宣教活動の冒頭に置かれた、バプテスマのヨハネからイエスが受洗する記事を、マタイは大幅に拡張し、その洗礼が「すべての義を満たす」（マタイ 3:15 πληρῶσαι πᾶσαν δικαιοσύνην）行為であるというイエスの言辞を追加している[42]。

その「義」（δικαιοσύνη）とは、律法の遵守であることが 5:17-20 において示される。イエスが来た目的は「律法また預言者を廃止するためではなく完成・成就する（πληρόω）」（5:17）ことであるゆえに、弟子たちには律法の一点一画すなわち最も小さい教えであっても守ることが要求される（5:18-19）。そして、それはファリサイ派や律法学者に勝る義を実現することである（5:20）。完全な義（δικαιοσύνη）とは律法を完成・成就する（πληρόω）ことであり、それは律法の一点一画を遵守することによって成し遂げられるのである。

3.4　マタイの宣教対象「すべての民」（πάντα τὰ ἔθνη）とは

福音書記者マタイが念頭に置いている宣教対象についても、やはり πᾶς の語が深く関係している。28:19 にマタイの宣教対象が「すべての民」（πάντα

---

[42] Craig A. Evans, "Fulfilling the Law and Seeking Righteousness in Matthew and in the Dead Sea Scrolls", in Daniel M. Gurtner et al. (eds.), *Jesus, Matthew's Gospel and Early Christianity*, Edinburgh: T&T Clark, 2011, pp. 110-112.

τὰ ἔθνη）という表現で述べられているからである。これは、イスラエルの民としてのユダヤ人のことか、あるいはそれを含まない「異邦人」であるのか、もしくはその両方を含むのか。このことについては様々な主張がなされてきた。

　第 5 章において詳述するが、確かにマタイがある種の異邦人宣教を批判的に捉えていることは、たとえば 10:5「これらの十二人をイエスは派遣し、彼らに命じて言った。『異邦人の道へと逸れて行くな。（後略）』」などの箇所からもうかがわれる。しかし、それは異邦人宣教そのものの禁止と同じではない。「すべての民」（πάντα τὰ ἔθνη）という複数形の表現からは、単一のユダヤ人のみを想定することは困難である。

　一方、佐藤研[43]は福音書記者マタイが「ユダヤ教の民全体が、イエス殺害の責任を意識的に負ったと見なし、その民からの訣別を宣言している」とし、また 21:43 の、神の王国は ἔθνος（定冠詞なし・単数形、「一つの国民（くにたみ）」）に与えられるという宣言は、キリスト教徒のことを指しており、「ユダヤ全体が救済史的に神の経綸から外され、異邦人主体のキリスト教会にその『王国』が託される」としている。しかし、第 2 章において考察したように、マタイ福音書がユダヤ教の律法を中心課題としているということと、異邦人のみを宣教対象にするということとは整合しない（21:43 の釈義については次章において詳しく扱う）。

　Luz[44]は、第 1 章で述べたように、マタイ共同体は宣教の転換点にあってユダヤ教とはすでに決別したとする一方で、宣教対象からユダヤ人を積極的に除外したことまでは想定しない。マタイのもっとも重要な関心のひとつは、新しい方向性である異邦人宣教の決断を自らの共同体の中で擁護することであり、マタイは福音書が非キリスト者のユダヤ人に読まれることを予期してはいないという。それこそが、マタイ福音書におけるユダヤ人の指導者たちや民衆に対するまったくステレオタイプ的な扱いを唯一説明できる立場だからである。しかし、10:23「この町で彼らがあなたがたを迫害するようならば、

43　佐藤研『はじまりのキリスト教』、13-14 頁。
44　Luz, *Matthew 1-7*, p. 50.

3.4 マタイの宣教対象「すべての民」(πάντα τὰ ἔθνη) とは

別〔の町〕へと逃れよ。アーメン、あなたがたに言う。人の子が来るまでに、あなたがたはイスラエルの町々を終えない」のように、マタイが終末におけるイエスの「来臨まで続くイスラエル宣教を考えている」箇所が緊張をはらみつつ存在することからも、28:16-20 の「主の宣教命令は、原則的に普遍主義的に考えられており、すべての民族に向けられている」というのである[45]。

文字通りすべての民、すなわち異邦人もユダヤ人も含むという考えについては、この他、Davies and Allison[46] が述べており、Gundry[47] も「すべての民」(πάντα τὰ ἔθνη) は文法的にすべての異邦人を意味するが、文脈からはここで指示されているのはユダヤ人も含むすべての民への宣教にほかならないと述べている。

また、Sim は、28:19 が示しているのは異邦人宣教の勧奨ではなく、むしろ律法遵守を必要としない異邦人宣教が独立して展開されている状況に対する異議申し立てとしての諸民族宣教(ユダヤ人も異邦人も含む)[48]であり、異邦人も律法の遵守を受け入れた改宗者となることが意図されているという[49]。

須藤伊知郎[50]はマタイ 10:5 以下との関係についての研究史上の説明モデルを史的前後関係、救済史的順序(交替説および制限撤廃／拡大説)、相補関係の三つに整理したうえで、マタイにおける ἔθνος および派生語 ἐθνικός の用例の意味内容の推移、8:5 以下と 15:21 以下における異邦人との例外的なやりとりというきっかけ、21:43 に見出し得る転換点、マタイ全体の文脈か

45　ルツ『マタイ (I/4)』、547 頁。
46　Davies & Allison, *Matthew 19-28*, p. 684.
47　Gundry, op. cit., pp. 595-597.
48　Sim, "Matthew, Paul and the Origin and Nature of the Gentile Mission", pp. 377-392.
49　D. C. Sim, *The Gospel of Matthew and Christian Judaism*, pp. 247-254; idem, "The Attitude to Gentiles in the Gospel of Matthew", in D. C. Sim and J. S. McLaren (eds.), *Attitudes to Gentiles in Ancient Judaism and Early Christianity* (LNTS499), London: T&T Clark, 2013, pp. 188-190. 同様に、J. Andrew Overman, *Church and Community in Crisis: The Gospel According to Matthew*, London: Continuum International Publishing Group, 1996, pp. 406-408.
50　須藤伊知郎「マタイ福音書における ἔθνος ―― 28 章 19 節の πάντα τὰ ἔθνη はイスラエルを含むか――」、『新約学研究』(日本新約学会) 34 号、2006 年、8-18 頁。

第 3 章　マタイの律法理解について

ら見た 28:19 以下の意味、などのテクスト分析に基づいて、マタイ 28:19 の πάντα τὰ ἔθνη は「イスラエルを含んで『すべての諸民族』と訳されるべきであり、神の民への帰属による個別民族主義から諸民族の実践による普遍主義への転換を提示している」[51] と結論づけている。須藤説の、10:16 以下に描かれる迫害はユダヤ人への宣教が継続していることの帰結であるという指摘[52]、（前述のようにルツも認めているが）10:23 にユダヤ人宣教が人の子の到来まで続くことが示されているという指摘[53] に我々も同意し、マタイの宣教はイスラエルと異邦人の双方を含む「諸民族宣教」であると結論づけたい。ただし、この「諸民族宣教」の内容については第 5 章で詳しく検討する。

3.5　マタイ福音書における「すべて」（πᾶς）とは

　本章ではまず、マタイ福音書の末尾である 28:16-20 において、イエスが弟子たちに命ずる「私があなたがたに命じたところのすべて（πᾶς）を守ること」とは、何を指すのかを、「すべて」（πᾶς）の語の、マタイ福音書における用例分析から求めた。

　πᾶς はマタイが多用する語であるが、一方でマルコ資料から当該語を意図的に削除する例も見られることから、編集上の判断をもって技巧的に当該語を用いる傾向がマタイにあることが推察される。また、その用法に関して、抽象的な全体性ではなく、そこに含まれる個別的要素が意識された全体性を言い表す用例が多数を占めている。これらの点から、マタイ 28:20 の「私があなたがたに命じたところのすべて（πᾶς）を守ること」における「すべて」（πᾶς）の語も、個別的要素が意識された全体性を言い表していることが類推される。その判断は 28:20 と構文上並行する 23:3 からも補強される。さらに、28:16-20 が律法の一点一画の遵守を命じた 5:17-20 を遡及的に指示

51　同論文、15 頁。
52　同論文、14 頁。
53　同論文、15 頁。および、須藤伊知郎「人の子による『大イスラエル』の復興？——マタイ福音書 10,23 の釈義試論——」、『西南学院大学神学論集』（西南学院大学学術研究所）66 巻 1 号、2009 年、13-25 頁。

3.5　マタイ福音書における「すべて」(πᾶς) とは

していることから、イエスが命じたという「すべて」(πᾶς) の内容に律法個々の遵守が含まれることが推察される。なおマタイ 22:40 において、律法に関して抽象的な全体性を表現する場合に、福音書記者マタイがマルコ資料の πᾶς にかえて ὅλος の語を用いていることも、この結論に整合する。

すなわち、マタイ 28:20 の「すべて」(πᾶς) は律法の個々の遵守を含むイエスの教え全体、逆の表現をとれば、イエスの解釈に基づく律法の逐条的実践を指しているのである。

あわせて本章では、「すべて」(πᾶς) は、福音書記者マタイが想定する宣教対象を考察するうえでも重要な語であることを確認し、マタイはユダヤ人および異邦人の両方を含む「すべての民」(πάντα τὰ ἔθνη) を構想していると結論づけた。

第4章　マタイの宣教論

—— ἔθνος 理解に寄せて

　「すべての民」（πάντα τὰ ἔθνη）がユダヤ人と異邦人の両方を含む「すべての民」であることは前章において確認した。それでは、マタイ 21:43「それゆえ、私はあなたがたに言う、神の国はあなたがたから取り上げられるであろう、そして、その実を結ぶ ἔθνος に与えられるであろう」に単数形で用いられる ἔθνος とは、誰（何）のことか。

　「その実を結ぶ ἔθνος に」（ἔθνει ποιοῦντι τοὺς καρποὺς αὐτῆς）を、新共同訳聖書は「それにふさわしい実を結ぶ民族」（下線引用者。以下同じ）[1] と訳しているが、この訳は不自然である。「民族」という訳語を新共同訳はマタイ福音書中でもう一箇所、24:30「地上のすべての民族は悲しみ」にのみ用いているが、この箇所で用いられている語は φυλή である。新約聖書では主にイスラエル十二部族の全体あるいは一部を指すために用いられる語であり、新共同訳が用いている「民族」という訳は妥当である。

　一方、ἔθνος の訳として、新共同訳新約聖書の他の箇所は、4:15（単数形、定冠詞あり）、6:32（複数形、定冠詞あり）、10:5（複数形、定冠詞なし）、10:23（複数形、定冠詞あり）、12:18（複数形、定冠詞あり）、12:21（複数形、定冠詞なし）、20:19（複数形、定冠詞あり）、20:25（複数形、定冠詞あり）、28:19（複数形、定冠詞あり）では「異邦人」をあてている。

---

[1] 口語訳聖書は「御国にふさわしい実を結ぶような異邦人に」、New King James Version は "to a nation bearing fruits of it"、New Revised Standard Version は "to a people that produces the fruits of the kingdom" と訳する。

24:7（2回、単数形、定冠詞なし）、24:9（複数形、定冠詞あり）、24:14（複数形、定冠詞あり）では「民」、25:32（複数形、定冠詞あり）では「国の民」と訳されている。

こういった訳語の選択がなされている中、21:43 のみに「民族」が選択されていることは唐突かつ不自然である。

それでは、21:43 の ἔθνος の意味内容は「民」であるのか、「異邦人」であるのか。実際、マタイ 21:43 は、「マタイの神学、マタイ福音書とユダヤ教との関係およびその社会的背景」を読み解くうえで重要な句[2]であり、研究史の中で、この句の中の ἔθνος の指示内容は、繰り返し議論に上ってきた。

Stanton は、福音書記者マタイの共同体がユダヤ教とすでに袂を分かった状況を前提に、この ἔθνος を「新しい民」と解し、21:43 はユダヤ教の指導者から新しい民への、神の国の委譲について述べているという[3]。

一方で、Saldarini は、マタイの論争はユダヤ教内部のもの（intra muros）であって、21:43 はユダヤ教の指導者からマタイのグループへの、ユダヤ教内部でのリーダーシップの交代を指摘しているのだと論じている[4]。

これに対し、Wesley G. Olmstead[5] は、「新しい民」という解釈について、前後の文脈や、ἔθνος のマタイおよび七十人訳における用法に根拠を求めて Stanton を擁護すべく論じている。この「新しい民」は、アブラハムの血統によらず、義の実践によって、神がアブラハムに与えた「大いなる民」という約束を受け継ぐ者たちである、というのである。

また、須藤伊知郎は、この ἔθνος が無冠詞かつ単数形であることから、特定の「民」あるいは「異邦人」といった集団を指すことはできないとし、「その実を結ぶ」という分詞構文によって限定される一般用法であることを

2　W. G. Olmstead, "A Gospel for a New Nation: Once More, the ἔθνος of Matthew 21.43", in D. M. Gurtner et al. (eds.), *Jesus, Matthew's Gospel and Early Christianity*, Edinburgh: T&T Clark, 2011, p.115.

3　Stanton, op. cit., p. 118.

4　Saldarini, *Matthew's Christian-Jewish Community*, pp. 58-63.

5　Olmstead, op. cit., pp. 116, 131-132.

論証している[6]。

本章では Olmstead 説および須藤説を批判的かつ拡張的に取り入れつつ、マタイ 21:43 における ἔθνος の指示内容について、さらなる考察を試みたい。

4.1　マタイ 21:43 の ἔθνος とは誰のことか

ここで上記に概観した、21:43 の ἔθνος に関する先行研究の内容を、より詳細に検討する。

Stanton は、21:43「私はあなたがたに言う、神の国はあなたがたから取り上げられるであろう、そして、その実を結ぶ ἔθνος に与えられるであろう」の背景に、マタイと同時代のユダヤ教とキリスト教の対立と分化を想定している。そして ἔθνος の語は、福音書記者マタイが「キリスト者たちをユダヤ教徒たちからは際立った実体と見ていた」[7]ことを象徴しており、ἔθνος は「新しい民」（new nation）であるキリスト者を意味するのであるという。「新しい民」は、マタイ自身が用いている語ではないが、マタイの構想はこの語によって適切に要約しうるというのであり[8]、この「新しい民」はユダヤ人と異邦人とからなるが、ユダヤ的伝統とは非連続であると Stanton は述べている[9]。

これに対し Saldarini は、マタイは新しいキリスト教共同体へと、ユダヤ人共同体から方向転換したのではなく、福音書内における論争も、ユダヤ教全体というよりは、個々の教えや、指導者たち、また時には彼らに従う民衆を相手取ったものであると主張する。「王国は『あなたがた』から取り上げられ、その実を結ぶ ἔθνος に与えられる、という主張はユダヤ教内の論争に基づくものであり、ユダヤ教に反対し、キリスト教を肯定するといったものではない」というのである[10]。Saldarini はさらに、マタイが 21:43 において、

6　須藤伊知郎「民族性と救い——マタイ 21, 43 の釈義——」、『西南学院大学神学論集』（西南学院大学学術研究所）56 巻 1 号、1998 年、1-33 頁。

7　Stanton, op. cit., p. 118.

8　Ibid.

9　Ibid., pp. 11-12.

10　Saldarini, *Matthew's Christian-Jewish Community*, pp. 44-45.

自らの集団を王国の実を結ぶ ἔθνος とみているのはほぼ確かであるが、当該箇所における ἔθνος は自発的な組織や小集団のことを指す用語法に基づいており、イスラエル全体を置換する「民」(nation) という意味ではないと主張している[11]。王国はイスラエルの旧いリーダー集団から取り上げられ、同じくイスラエルの、しかし新しいリーダー集団であるマタイのグループに委ねられるというのである[12]。

　Saldarini は自説について、①この箇所を含む 21-23 章の文脈において、イエスの論争相手はユダヤ民衆全般ではなく、その指導者たちであること、②この句の前段となる 21:33-41 の「ぶどう園で働く悪い小作人たちのたとえ」について、21:45 に「祭司長たちやファリサイ派の人々はこのたとえを聞いて、イエスが自分たちのことを言っておられると気づき」とあること、③このたとえのモチーフ的母体となったと考えられるイザヤ 5:1-7 は「ぶどう園」を「イスラエルの家」すなわちユダヤ民衆とたとえていることから、このたとえの悪い小作人とはその世話をする者たち、すなわち指導者たちであり、民全体のことではないと考えられること、④同様にイザヤ 3:13-15 でも、民の長老や支配者たちが、神のぶどう畑からの搾取をとがめられていること、⑤ ἔθνος はマタイの当時、非常に広い意味で用いられており、国や民というだけではなく、商業組合や社会階級や政治的小グループを指すのにも用いられていたこと、という五点の論拠を挙げている[13]。

　しかし Olmstead は Saldarini に反対し、このたとえはやはり単にリーダーシップの交代ではなく、民（nation）の転機を指示しているのだという。Olmstead によれば、イザヤ書 3 章はたしかに長老を民から区分して非難しているが、それは民が免罪されたことを意味せず、5 章そしてイザヤ書全体からは、民もまた裁きの対象であることが明らかであるという。

　また、イエスがエルサレム入城後、神殿で商売をしていた者たちを追い払う、いわゆる「宮清め」の記事（マタイ 21:12-14）に続いて、イエスと論敵との間で繰り広げられる激しい論争の中で言及される三つのたとえ（「二人

11　Ibid., p. 60.
12　Ibid., pp. 62-63, 201.
13　Ibid., pp. 58-63.

4.1 マタイ 21:43 の ἔθνος とは誰のことか

の息子のたとえ」(21:28-32)、「ぶどう園で働く悪い小作人たちのたとえ」(21:33-41)、「婚宴のたとえ」(22:1-14)) はどれも、一方で裁きを、他方で神の国への参与を、というように、「神の民の驚くべき再編について語る」[14] のである。「ぶどう園で働く悪い小作人たちのたとえ」は、王国は従来の小作人から取り上げられ、イスラエルの神に正しく彼のものである実りを携え帰る者たちに与えられる (21:41, 43; cf. 3:8-10; 7:15-20; 12:33-37; 13:18-23; 21:18-22) ことを示す。徴税人や娼婦が御国ではイスラエルの祭司長や長老にとって代わる (21:31b-32) のは、まさに彼らが父の意志を行うからである (21:31a; cf. 7:21-23)。また、「婚宴のたとえ」では、王子の婚宴の招待客リストはまったく書き換えられる。最初に招かれた者たちは滅んでいるからである (22:7-10)。しかし交代した客もまた、そのふるまいに関して王の検査を受けることになる (22:11-14)。このように「神の民のメンバーシップは民族的特権ではなく、イスラエルの神への忠誠によってしるしづけられる」[15] のである。

Olmstead は、28:19 すなわち福音書の結末において「マタイの物語は際立って新しい方向性を示すのである。(……) この新しい命令において、ヤハウェのいにしえの目的は果たされる。旧い契約に従って、地上のすべての民 (πάντα τὰ ἔθνη) がアブラハムとその子孫に連なった祝福に入るのである。(……) その伏線は張られている。洗礼者ヨハネの宣告 (マタイ 3 章) ではアブラハムの約束は血筋によってではなく、悔い改めにふさわしい実によって受け継がれることが述べられる」[16] としている。

Olmstead はまた、「8 章の百人隊長 (異邦人) の僕の癒しの記事では、彼の信仰が確認された後に、天国の宴席には『東や西から大勢の人が来て』座につくこと、その一方で『御国の子らは、外の暗闇に追い出される』ことが示される。この表現の下敷きとなったと考えられるイザヤ 43:4-7 では、これらは『国々から』集められたイスラエルの子たちであるが、マタイの物語における重点は、国々の民がイスラエルにとって代わることではなく、信仰

14　Olmstead, op. cit., p. 123.
15　Ibid., p. 124.
16　Ibid., p. 121.

第4章 マタイの宣教論 —— ἔθνος 理解に寄せて

ある異邦人が終末の宴席に神の民と共なる座を見出すというところにある。イエスにとっては、ヨハネにとってと同様、終末における神の民に連なるのは、アブラハムの子孫だということによるのではなく、アブラハムの神への信仰によるのである」[17]と主張する。

さらに Olmstead は、七十人訳およびマタイにおける ἔθνος の用例を比較し、自説を根拠づける。まず七十人訳では、イスラエルの定着物語において、ἔθνος は複数形で用いられ、敵対勢力としての諸民族を指し、また捕囚の際にイスラエルがその中へと投げ込まれる対象としての諸民族を指す。しかし、単数形ではしばしばイスラエル自身を指す。創世記 12:2 ではイスラエルの父祖アブラハムが「大いなる民」ἔθνος μέγα（の父祖）となることが神によって約束される。また出エジプトの際に神は怒りを発し、背いたイスラエルを滅ぼすが、モーセを ἔθνος μέγα とすることを約束するのである（出エジプト 32:10）。

つぎに、マタイ福音書において ἔθνος は、12 回の複数形の用例では異邦人（例として 4:15, 20:19）または国民（例として 20:25）を意味し、とくにうち 4 回の特徴的な πάντα τὰ ἔθνη は、イスラエルをも含んで包括的にすべての民を意味する。しかし、単数形（いずれも定冠詞なし）の用法は、当該箇所を除けば 24:7 に「民は民に（ἔθνος ἐπὶ ἔθνος）……敵対して」という繰り返しの用例があるのみであり[18]、結局マタイ福音書には七十人訳の用例に沿った意味しか見出し得ない（マタイに特有の語義や用語法が見出されるわけではない）という[19]。

結論として、マタイ 21:43 の ἔθνος が具体的に何を指すのか、ということについては、なお難題のままであり、そこには二重の意味を見出すことが可能であると Olmstead は主張している。一つは、「新しい ἔθνος の存在により、古いものが退けられる」という意味であり、もう一つは「イエスと、彼に従ってイスラエルの神に正しく実を携え帰る人々（マタイ 3:7-10）」が、アブ

17　Ibid., pp. 122-123.
18　ミカ 4:3、イザヤ 2:4 に関連。
19　Olmstead, op.cit., p. 131. しかしこの観察は疑問である。マタイ福音書の ἔθνος が特徴的な用語法を示していることについては 5.2 の表（本書 124 頁）参照。

4.1 マタイ 21:43 の ἔθνος とは誰のことか

ラハムに約束された子孫として、神によって再興された民となる[20]という意味である。このようにして Olmstead は、Stanton の説を擁護しつつ、イスラエルからの連続性という点に修正を加えている。

　Olmstead がいう、当該箇所の ἔθνος を再編された神の民、すなわち血統によらず「ふさわしい実」(マタイ 3:8; 21:43) によってこそ保証されるアブラハムの子孫とする解釈は妥当なものである。しかし、マタイがなぜ三つのたとえを組み合わせて、神の国の再編について強調して述べているのか、その背景についてはなお考察されるべき余地があるのではないだろうか。

　また、次章で詳しく論ずるが、マタイ 28:19 の宣言が Olmstead の説のように「際立って新しい方向性」すなわち異邦人宣教への積極的な転換や、単純な肯定を示しているかどうかについては疑問を呈したい。

　これに加え、Stanton や Olmstead の説においてさらに問われるべきは、無冠詞単数形の ἔθνος がそれのみで「新しい民」または「再興された民」といった積極的な意味を持ちうるのか、ということである。

　この点について須藤はマタイ 21:43 にイスラエルからキリスト教会への救済史的交代を読み取る「定説」に対して異議を唱えつつ、「その実を結ぶならばどの民族[21]にでも与えられるであろう」という解釈を提示している。その根拠として、まず、分詞を伴う無冠詞の名詞という用法がギリシャ古典(プラトン)、七十人訳、新約聖書(とくにパウロに並んでマタイ)に、一般的な意味を持つ用法として見出されることを、様々な用例を根拠として示しつつ、文法的・文体的に論証している[22]。それゆえ、ここでの ἔθνος は「そもそも民族というもの、類型としての民族」という意味になる。分詞 ποιοῦντι

20　Ibid.
21　本章冒頭で述べたように「民族」という訳の妥当性については疑問があるが、ここでは須藤説の論述を追うため、その表記にそのまま従うこととする。
22　詳しくは須藤「民族性と救い」、4-10 頁の詳細な議論を参照。以下に該当箇所の一部を抜粋。
　　プラトン『国家』331b5-7: ἀνδρὶ νοῦν ἔχοντι「理性的な人は誰であれ」
　　箴言 17:28 (七十人訳): ἀνοήτῳ ἐπερωτήσαντι σοφίαν
　　　　　　　「知性の無い者も、もし知恵に尋ねるなら」
　　マタイ 5:14b: πόλις κρυβῆναι ἐπάνω ὄρους「どの町でも、それが山の上にあるならば」

は条件的にこの ἔθνος を規定していることから、ἔθνει ποιοῦντι τοὺς καρποὺς αὐτῆς は、「その実を結ぶ民族一般に」、「その実を結ぶどの民族にでも」という訳が妥当となるというわけである。

また、「実を結ぶなら誰にでも」という解釈がすでに3世紀のエジプト・アレクサンドリア学派のギリシャ教父オリゲネスにおいて見られることや、その解釈が中世カトリック教会の代表的スコラ学者トマス・アクィナスを経て、宗教改革者マルチン・ルターにおいて「実を結ぶ異邦人」という解釈に至った過程を明らかにすることによって、「その実を結ぶならばどの民族にでも与えられるであろう」という訳の解釈史的裏付けを示している。

さらにはマタイ 21:28 から続く三つのたとえのうち、最初の二つはイエスが神殿で教えることを咎め、その権威の正当性について論争をしかける祭司長たちや民の長老たちに向けられた批判として機能するが、三つめの婚宴のたとえは民衆一般へと向けられており、その転換点をこの句が果たしているという構造分析によって、須藤はこの解釈を裏付ける。

そして須藤は、「実を結ぶ」ことへの要求すなわち「父の意志を行う」ことへの要求がマタイ福音書全体を通してなされる終末論的かつ普遍主義的要請であることを、複数の例証[23] から明らかにしつつ、マタイ 21:43 はこの「マタイの普遍主義を支える重要な支柱の一つである」と論じている[24]。

Olaf Rölver は、須藤説に示された「どの民族であれ、実を結ぶならば」という理解を「全般的理解」(generelles Verständnis) と呼び、この句が置かれた警告的な文脈からはもう一つの解釈の可能性である「とにかく一つの民族が、実を結ぶならば」という「集合的理解」(kollektives Verständnis) よりも蓋然性が高いとし、「その際、『民族』という概念が持つ包括性は、ここに経験上把握できるような社会的な実体が視野に置かれているわけではないこと

---

23 須藤「民族性と救い」、29-30 頁は、16:27 に導入された応報原則、25:31-46 に示された世界審判、「実を結ばない指導者たちに対するラディカルな個人化と民族的所属の相対化を伴った条件付きの災いの予告（3:8-10）及びこれを逆にした弟子たちに対する幸いの予告（7:21）」などを挙げている。
24 同論文、33 頁。

を示唆している」と論じている[25]。

　Rölver が支持する須藤の論証は説得的である。しかし、この普遍主義は須藤の主張のように、「神の葡萄園は今や仕切りがなくなる」[26] ことを示すのみであろうか。むしろ応答的な義の実践の有無という新しい仕切りが作られたことを意味するのではないだろうか。「実を結ぶことへのラディカルな要求によって過った自己保身思考を打ち砕き、そうしてすべての民族に平等な地平を切り開く」[27] ことは、同時に、義の実践を基準とした排除と包摂、すなわち神の国の再編を意味しないだろうか。次項ではこの点について考察を進める。

4.2　排除と包摂——再編された神の国へ

　マタイ 21:43 の ἔθνος とは何か。ここではその指示内容について考察を進めるために、テクスト分析を試みる。

　前述の Olmstead の指摘のように、当該句を含むたとえおよびそれを挟む前後のたとえは、神の民の再編というモチーフにおいて共通している。また、その再編は真の悔い改めにふさわしい実を結ぶことによって起こるという倫理的注釈において共通している[28]。それゆえ、ここでのテクスト分析も、これらの一連のたとえを通じて行う。

4.2.1　マタイ 21:28-32「二人の息子のたとえ」

　ここではヨハネが示した「義の道」を信じなかった祭司長たちや民の長老たちが神の国から退けられる一方で、信じた徴税人や娼婦たちが神の国へと受け入れられるという対比が、ある父親と二人の息子のやりとりにたとえら

25　O. Rölver, *Christliche Existenz zwischen den Gerichten Gottes. Untersuchungen zur Eschatologie des Matthäusevangeliums* (BBB 163), Göttingen: V&R Unipress, 2010, pp. 233-234.

26　須藤「民族性と救い」、30 頁。

27　同論文、33 頁。

28　Olmstead, op. cit., p. 124.

第4章 マタイの宣教論 —— ἔθνος 理解に寄せて

れている。

たとえと32節の編集句は31節c「アーメン、私はあなたがたに言っておく。徴税人や娼婦たちはあなたがたよりも前に神の国に入る」という橋渡しの言葉[29]によって、ぎこちなくつながれている。その32節は25節を参照し、この箇所全体を一つに括る、まとめの役割を果たしている。それゆえ、このたとえは、「祭司長たちや民の長老たち」に対する批判を先鋭化し、あるいは批判内容を明確化するために、マルコ11:27-33から持ち込まれた権威論争（マタイ21:23-27）の拡張としてマタイ編集によって付加されたものと考えられる[30]。

それでは、このたとえの付加によって明確化・先鋭化されている内容とは何であろうか。それはヨハネの洗礼への応答によって示される「信」による逆転、すなわち神の国に元来ふさわしいはずの者が排除され、反対にふさわしくないとされてきた者がそこに包摂されるという主張である。徴税人や娼婦はヨハネを信じたが、祭司長たちや民の長老たちは信じなかった。これにより徴税人や娼婦は神の国に入り、祭司長たちや民の長老たちは入ることができない[31]。「信じる」とは、単に内心のことがらではなく、洗礼者ヨハネが示した「義の道」（32節）に応答すること、すなわち、「悔い改めにふさわしい実」を結ぶこと（マタイ3:8）なのである。

さらに、たとえの中で「父の意志を行った」最初の息子は、口頭での返事

---

29 この言葉についてLuzは「イエスに遡り得るが、しかし彼の活動を回顧的に見ている」とし、その起源については「ほとんど何も言えない」としている（ルツ『マタイ(I/3)』、253頁）。

30 Luzは23-32節をひとつのまとまりとみなし、前半（23-27節）の論争的会話は「たとえの物語叙述上の提示部を作り上げている」（同書、250頁）と指摘し、しかし「内容上、28-31節bと32節の間に緊張がある」と指摘している。さらには、「マタイ自身が、伝承されたイエスの言葉31節cを元来のたとえを締め括っていたイエスの結びの言葉の代わりに置いたのであり、そしてその後に自分自身が書いた32節で続けたのである」（同書、253頁）と指摘している。

31 田川『新約聖書 訳と註』、772-773頁参照。ルツ『マタイ(I/3)』、257頁は「言語上相対的な優先を意味し、絶対的な優先ではない」と判断しているが、その解釈自体は文脈に合わないことを認めてもいる。

ではなく実際に行動を起こしたことをもって評価されている。すなわち同様に「義の道」を「信じる」とは心に信じるだけのことではなく、応答的実践を含むのである。

4.2.2 マタイ 21:33-44「ぶどう園で働く悪い小作人たちのたとえ」

　この箇所は 33 節「別のたとえを聞け」によって、直前の箇所に結びつけられている。マタイは資料であるマルコ 12:1-12 に、以下の変更を加えている。

①マルコ 12:2「季節に」(τῷ καιρῷ ルカの並行箇所では定冠詞もない) をマタイ 21:34 は「実りの季節が近づいた」(ἤγγισεν ὁ καιρὸς τῶν καρπῶν) へと拡張している。この変更により、この箇所の主題が実りであることを強調する[32]とともに終末論的ニュアンスを加えることが意図されていると考えられる[33]。

②各回に派遣される僕が複数である。初回に派遣された僕さえも殺される。第二回に派遣されるのは「前よりも多く」の僕だが、そのかわり第三回目の僕の派遣が省略される。マタイは文脈を引き締め、僕たちの派遣と息子の派遣を合わせて三回に整えている。

③マタイでは息子が殺されるのは「ぶどう園の外」(39 節) である。これは、イエスのエルサレム外での十字架刑を示していると考えられる[34]。

④反逆者たちの末路について、イエスは論敵に答えさせる (40-41 節)。その答えの中で、反逆した小作人たちは「悪人ども」(κακοί) と呼ばれ、「ひどく」(κακῶς) 殺されると断定される。

⑤また、「悪人ども」から取り上げられたぶどう園は「その時〔季節〕ごとに彼〔農園主〕に実を納める」(οἵτινες ἀποδώσουσιν αὐτῷ τοὺς καρποὺς ἐν τοῖς καιροῖς αὐτῶν) 農夫たち (41 節) に与えられる。

⑥ 43 節の付加[35]。

32　Gundry, op. cit., p. 425 参照。
33　Hagner, *Matthew 14-28*, p. 620 参照。
34　Gundry, op. cit., p. 427; Hagner, op. cit., p. 618 およびルツ『マタイ (I/3)』、271 頁に同意。
35　「43 節は言葉上編集と証明できない。しかし、その節は福音書の文脈とマクロ・テク

第 4 章　マタイの宣教論 —— ἔθνος 理解に寄せて

⑦ 44 節「この石の上に落ちる者は粉々になる、それ〔石〕は落ちてその者を砕く」の付加[36]。

⑧次の記事につなげるため、論敵が立ち去るという記述を省略。

これらの変更点のうち、付加された 44 節（ルカ 20:18 並行、小一致）は、41 節前半と 42 節（マルコ 12:10-11）の解釈句として機能している。さらに 43 節はルカにもないが、同じく 41 節後半の解釈句として機能している[37]。すなわち、43 節の付加によってマタイは、前箇所に続いて、排除と包摂のモチーフを、当該箇所においても際立たせようとしている。

当該箇所においては、その前半に、預言者に対する迫害の歴史が回顧されている[38]。そのような迫害は 5:11-12 において言及されているが（「幸いなるかな、あなたがたは、私のゆえに彼ら〔人々〕があなたがたをののしり、迫害し、あらゆる〔種類の〕あなたがたについての悪口を述べ〔る〕、［嘘をつく］ときにはいつも。（……）あなたがたの前の預言者たちを彼ら〔人々〕はそのように迫害したのだから」）、それは義を理由とした（ἕνεκεν δικαιοσύνης）迫害であり、「私〔イエス〕」を理由とした（ἕνεκεν ἐμοῦ）迫害である。

ストに非常に密接に結ばれているから、マタイ自身がその著者だとする想定が最も簡単である」（ルツ『マタイ（I/3）』、264 頁）に同意。

36　この節を欠く写本証拠は弱い（ベザ写本、若干の古ラテン語訳写本等に限られる）が、B. Metzger, *A Textual Commentary on the Greek New Testament Second Edition*, Stuttgart: Deutsche Bibelgesellschaft, 1994, p. 47 はこの句が早い時期にルカ 20:18 からマタイ写本に流入した可能性を捨てていない。一方、蛭沼は、内容的つながりからは、43-44 節はマタイ特殊資料の段階ですでにまとまっていたと考えられるとの理由から、マタイからルカへの転記の可能性をも指摘しているが、結論は未決のままとしている（蛭沼寿雄『新約本文学演習 マルコ福音書・マタイ福音書』、新教出版社、2011 年、477 頁）。Luz は「本文証言は圧倒的に良好」（ルツ『マタイ（I/3）』、797 頁）であるという理由からこの節は本文批評上欠くことができないとしている。

37　ルツ『マタイ（I/3）』、272 頁。

38　Gundry, op. cit., pp. 425-426 は、マタイ 23:37 の、彼らが石打ちによって殺されるという描写は、エルサレムの指導者たちによる預言者の迫害と殺害を予示しているという。また、送られる僕が複数へと変更されたことも預言者たちとの関連を示しているという。ルツ『マタイ（I/3）』、269 頁も同様。

4.2 排除と包摂——再編された神の国へ

　ここでも義は実践を前提とされている。悪人たちから取り上げられたぶどう園を貸し与えられるのは「その時〔季節〕ごとに彼〔農園主〕に実を納める」(οἵτινες ἀποδώσουσιν αὐτῷ τοὺς καρποὺς ἐν τοῖς καιροῖς αὐτῶν) 農夫たち（41節）であり、神の国が与えられるのは「その実を結ぶ」(ποιοῦντι τοὺς καρποὺς αὐτῆς) ἔθνος なのである（43節）。その実とは、やはりヨハネが告知する「悔い改めにふさわしい実」(καρπὸς ἄξιος τῆς μετανοίας)（マタイ3:8）のこと、すなわち義の実践である。

　また、ἔθνος の指示内容は「宙ぶらり」[39]あるいは「不可解」[40]なのではない。これが「その実を結ぶ」という分詞構文によって限定される一般的用法であることは須藤[41]が明らかにしているとおりである。また、Olmstead の最初の指摘のように「新しい ἔθνος の存在は、古いものが退けられるということを意味する」ことに重点があるのであり、実を結ぶ ἔθνος の提示は、「実を結ばないあなたがた」への警告なのである。

　そのように神の国が取り上げられてしまう「あなたがた」とは、物語の枠組みの中において直接的には「祭司長たちやファリサイ派たち」（45節）のことを指している。しかし彼らはそのような脱落者の典型ではあるが、脱落者は彼らだけに限られるのではない[42]。そのことは、次のたとえにおいて明瞭化される。

4.2.3　マタイ 22:1-14「婚宴のたとえ」

　この記事は、新約聖書中にルカ福音書 14:15-24 に並行箇所が存在し、また外典のトマス福音書 64 にも同様の記事が存在する。これらの筋立ては極

39　「このことが妥当する『民族』が誰であるのか、マタイは『宙ぶらり』のままにしている。(……) この開放性はマタイの『実の教会論』に合致する」（ルツ『マタイ (I/3)』、274頁）。

40　Olmstead, op. cit., p. 131.

41　須藤「民族性と救い」、4頁以下。

42　そもそも論争相手は、当初の「祭司長たちや民の長老たち」（マタイ 21:23）から二転（21:45「祭司長たちやファリサイ派たち」）・三転（これらのたとえに続く箇所の 22:15-16「ファリサイ派たち・その弟子たち・ヘロデ派たち」）していく。

第4章　マタイの宣教論 —— ἔθνος 理解に寄せて

めて近い一方で、描写や語句が互いに大きく異なっており、Qへの遡及を単純に結論づけることはできない[43]。Davies and Allison[44] は、Qとは別系統の口伝への遡及とマタイによる文書化を想定する（下図参照）[45]。いずれにせよ、以下に挙げるルカ版との相違は、マタイの編集上の意図と結びついていると考えられる。

口伝
宴席が整う
最初の招待と言い訳
第二の招待と言い訳
第三の招待と言い訳
無関係な人びとの招待

トマス福音書
宴席が整う
最初の招待と言い訳
第二の招待と言い訳
第三の招待と言い訳
第四の招待と言い訳
無関係な人びとの招待
警句

マタイ福音書
宴席への招待
宴席が整う
最初の僕の派遣
第二の僕の派遣と虐待
王の報復
無関係な人びとの招待
礼服を着ない客
警句

ルカ福音書
宴席への招待
宴席が整う
最初の招待と言い訳
第二の招待と言い訳
第三の招待と言い訳
最初の無関係な人びとの招待
第二の無関係な人びとの招待

図　マタイ 22:1-14、ルカ 14:15-24、トマス 64 の伝承史
(Davies and Allison, *Matthew 19-28*, p.198 による)

43　Hagner, op. cit., p. 627 は 11-14 節以外はQに由来するとしているが、ルツ『マタイ (I/3)』、281-285 頁はQを想定することについては慎重な姿勢をとっている。
44　Davies and Allison, *Matthew 19-28*, p. 194.
45　「詳細なたとえはQには他に存在しない」（ルツ『マタイ (I/3)』、282 頁）ことも、これらの記事の口伝への遡及の可能性を強める。

4.2 排除と包摂——再編された神の国へ

ルカ版との相違は以下の通りである。

① 1節はこれ以前の二つのたとえとこのたとえを組み合わせて、三重のたとえに形成するための編集句と考えられる。

② 客を招くのが「ある人」（ἄνθρωπός τις）ではなく「王である人」（ἄνθρωπος βασιλεύς）であることは、7節の軍隊派遣という筋運びに結びついていることから、マタイによる改変と考えられる[46]。また、「天の国」（ἡ βασιλεία τῶν οὐρανῶν）からの文脈上の連関や、王を神と関連づける動機を考えることも可能である[47]。いずれにせよ「王」と特定されている者を「ある人」へと抽象化することは考えにくい。トマス64でも客を招くのは「ある人」であることはこの判断を裏付ける。

③ 単なる宴会ではなく、（王の）息子のための婚宴という設定は、11節の「礼服」という題材と結びついている[48]。

④ 婚宴の用意ができたことを知らせる呼びかけ（4節b）がやや詳しい叙述になっており、さらにはこれに先立って招待が行われていたことへの言及が加えられ（3節）、複数回の丁寧な呼びかけがなされたことが印象付けられる。

⑤ 招待を断る理由が異なり、断りのせりふも省略されている（5節）。

⑥ 王の僕たちが迫害・殺害されることが（6節）、次節の事態を惹起する契機となっている。

⑦ 王による報復として軍隊の派遣により町が焼き払われ、「人殺し」と断定された招待客たちは滅ぼされる（7節）。

⑧ 大通り（ルカ版では広場や路地）から集められるのが「貧しい人、体の不自由な人、目の見えない人、足の不自由な人」から、「善人も悪人も」（9-10節）に変更されている。

46　Davies and Allison, op. cit., p. 198 に同意。
47　「マタイのユダヤ人キリスト教徒である読書諸氏・諸姉は自分たちのユダヤ人的な背景と 18:23 に基づいて、直ちにその王を神と関連づけたことだろう」（ルツ『マタイ（I/3）』、288 頁）。
48　ルツ『マタイ（I/3）』、288 頁; Davies and Allison, op. cit., pp. 198-199; Gundry, op. cit., p. 434; Hagner, op. cit., p. 629 は王の息子をイエスと関連づけている。

第 4 章　マタイの宣教論────ἔθνος 理解に寄せて

⑨物語の結末は、ルカ版ではまだ空いている席のためにさらなる招きを王が指示する（ただし最初に招かれた者たちは除外される）が、マタイ版では婚礼の礼服を着ていない客が外に放り出され「泣きわめきと歯ぎしり」という末路を迎えることへと変更され、さらには「招かれる人は多いが、選ばれる人は少ない」との結論が述べられる（11-14 節）。

このたとえにもやはり排除と包摂のモチーフが見られるが、前二つのたとえと異なるのは、それが二つの段階をたどることである。最初の招待客は「ふさわしくない」（8 節）として退けられ、新しい客が招かれる。しかし、招かれてやってきた者たちの間にさえ、ふさわしくない者がいて、外の暗闇に放り出されるのである。

このたとえでは最初に招かれた者は、前段のたとえにおける邪悪な農夫たちに通じる、その非礼かつ非道なふるまいから「ふさわしくなかった」（8 節）と退けられ、滅ぼされる（7 節）。

婚宴への招きは、前段のたとえにおける僕の派遣と同様、預言者の派遣を意味している。それゆえ、ここでも僕たちへの迫害（6 節）は、預言者に対する迫害を意味している。この非道に対する処分は町を焼き払うというものであるが、そこには 70 年のエルサレム破壊が含意されていると考えられる[49]。

彼らは僕の殺害への報復として滅ぼされるのではない。なぜなら招待を無視し、自らの用事へと出かけただけの者たちも共に滅ぼされるからである。招待を断るというふるまいが「ふさわしくない」ために彼らは退けられるのであり、「ふさわしくない」ふるまいの極致が僕の殺害なのである。

退けられ、滅ぼされた人々にかわって「町の大通り」（ὁ διέξοδος ὁ ὁδός）から招き集められたのは、「悪人も善人も皆」であった。このことはマタイ

---

[49] ルツ『マタイ（I/3）』、291 頁 ; Davies and Allison, op. cit., p. 201; Hagner, op. cit., p. 629 に同意。Gundry, op. cit., pp. 436-437 は、この街の破壊はイザヤ書 5:24-25 への言及であり、紀元 70 年のエルサレム破壊と結びつける必要はないという。その理由として、もしこの街の破壊がエルサレム破壊を含意しているならば、マタイ 22:8-9 は紀元 70 年まで異邦人宣教が行われなかったことを意味することになってしまう、ということを挙げている。

特殊記事である 13:24-30, 36-43 のいわゆる「毒麦のたとえ」に示された状況と整合する。終末の刈り入れに向かって、世界である畑の中に、良い種とともに毒麦も育っている。すなわち福音書記者マタイの目から見た世界における信仰者たちの中には、(マタイの) 現在、天の国にふさわしい者もいれば、不適格者も混じっている。最初に招かれた者がふさわしくなかっただけではなく、今招かれてともにいる者の中にも不適格者が存在しうるのである (6.2.4, 本書 140 頁において詳述)。

この警告は、礼服を着ていない客の存在と、彼に下される処分によってさらに明確化・先鋭化される (11-13 節)。客が集められた経緯からして、礼服を着ていないことがとがめられるのは不自然であり、礼服には寓喩的意味があることが推察される。礼服によってあらわされるものは、直前のたとえが示すものを重ね合わせれば、「ふさわしい実を結ぶ」わざのことであると推察される[50]。当該箇所前段の、最初に招かれた客たちは、前述のように、王の招待を無視するという非礼、さらには王の僕を殺害するという非道、というふるまいが「ふさわしくなかった」(8 節) ために退けられる。同様に、招待に応えながらも放逐された客は、礼服を着ないというふるまいが「ふさわしくなかった」ために退けられるのである。

この礼服を着ない客への処分は、終末における裁きを意味している[51]。

4.3　「新しい民」としての ἔθνος

「二人の息子のたとえ」(21:28-32)、「ぶどう園のたとえ」(21:33-44)、「婚宴のたとえ」(22:1-14) は共通して、神の国の再編、すなわち排除と包摂について述べるが、その再編は、「ふさわしい実を結ぶ」＝「義 (の道) を実践する」＝「招きにふさわしいふるまいをする」ことにかかっている。す

50　ルツ『マタイ (I/3)』、294-295 頁。須藤「民族性と救い」、29 頁。
51　マタイ福音書では「そこでは泣きわめきと歯ぎしりがある」(ἐκεῖ ἔσται ὁ κλαυθμὸς καὶ ὁ βρυγμὸς τῶν ὀδόντων) という表現は終末的裁きを受けた者たちの末路あるいは反応として、8:12; 13:42, 50; 22:13; 24:51; 25:30 に用例がある (ルカでは 1 回のみ 13:28 に前述の「不義」を行う者どもの末路として言及がある)。

わちここでは重ねて、イエスが命じた律法遵守（マタイ 5:17-20; 28:20）が求められているのである。このメッセージは、福音書記者マタイ当時の「善人も悪人も皆」集まっている状況に向けられたものである。招かれた者の一部はすでにその招きに背を向けてしまい、また、招きに応じて集まった者の中にも不適格者が存在する。それは「ふさわしい実を結ぶ」＝「義（の道）を実践する」＝「招きにふさわしいふるまいをする」ことのない者たちである。ἐκκλησία（教会。原義は「呼ばれた者たち（の集い）」）にいる κλητοί（招かれた／呼ばれた者たち）がすべて ἐκλεκτοί（選ばれた者たち）ではないのである。

21:43 においては「あなたがた」と「ふさわしい実を結ぶ ἔθνος」が対置されている。「あなたがた」とは、単にイスラエルの指導者たちのことや、ユダヤ人全体のことではない。礼服を着損ねて外に出される者、すなわち律法遵守におけるゆるみに傾く者たちすべてなのである。これらの者を福音書記者マタイは「不法」（ἀνομία）として断罪する（第 6 章において詳述）。

そして、この再編はすでに起こったこと（たとえばイスラエルから異邦人への宣教方向の転換といったような）ではなく、マタイにとっての現在において進行中のことがらであり、終末において完成される出来事（13:24-「毒麦のたとえ」参照）なのである。

マタイ 21:43 における ἔθνος は、その語自体の意味内容として具体的な民族や集団を表してはいない。しかし、この表現を含む箇所全体（あるいはそれを含む一連のたとえ集）が指し示しているのは、（マタイの目にうつる）ユダヤ教世界全体に喫緊の課題としてつきつけられ、終末において完成される、義の実践すなわち律法全体の遵守というふさわしい実を結ぶ「新しい民」への再編なのである。

第5章　マタイによる諸民族宣教

―― 救済史的転換モデルを乗り越えて

　さて、前章で述べたような神の国の再編は、マタイの構想においてはどのように進められるのか。この章では、1.3（本書 26 頁）において問題提起した、「ユダヤ教」から「キリスト教」へという救済史的転換モデルがマタイ福音書のテクストに内在しているものではないことを論証する。また 1.4（本書 32 頁）において指摘したように intra muros 説になお課題として残る、マタイ福音書における異邦人への両義的評価の問題を扱う。すなわち、マタイ福音書内に存在する、一見矛盾したかのように見える異邦人評価や異邦人への姿勢を、一貫性をもったものとして説明しうるモデルの構築を試みる。

　マタイ福音書は、5:47; 6:7, 32; 20:25 などではイエスが異邦人のふるまいを否定的に例示し、18:17; 20:19 では異邦人という存在自体を否定的あるいは敵対的に捉えている。さらに 10:5 では弟子たちを宣教へと派遣するにあたり「異邦人の道へと逸れて行くな」という禁止命令をイエスは下している。

　その一方で、異邦人である東方からの賢者（2 章）[1]、百人隊長（8 章）、カ

1　μάγος は口語訳聖書では「博士」、新共同訳聖書では「占星術の学者」、New King James Version では "wise man" と訳される。「（ペルシャ、またバビロニアの）賢者また祭司であり、天文学や夢の解釈そして種々の秘術に長けていた」（"μάγος", 1, BDAG, p. 608）。「μάγος は、まず第一に、ペルシアの祭司階級に属する者たちを意味するが、しかし、次いでその意味は拡大され、ヘレニズム以来、その他にも、東方の神学や哲学や自然科学の代表者達をも言い表すようになる。魔術師、占星術師、巫術師の間の境界は流動的である。（……）彼らは賢くまた敬虔な異邦人で、最初から、正しいことを、

第 5 章　マタイによる諸民族宣教——救済史的転換モデルを乗り越えて

ナンの女性（15 章）は肯定的に扱われている。さらには 28 章において、異邦人（を含む諸民族）宣教への積極的推奨とも思われる言葉が復活のイエスの口から語られる。

これら矛盾要素の並立について、すでに 1.2（本書 24 頁）で述べたように、研究史上では、マタイ当時のユダヤ人への宣教失敗によるマタイ共同体の異邦人宣教への方向転換や、逆に共同体内の異邦人宣教批判に対する弁証といった背景を反映していると考えられてきた。そして、マタイ福音書においては、28:16-20 に記されるイエスの復活そして「大宣教命令」を転換点として、異邦人宣教についての方向転換が描かれているという説が唱えられてきた。

この説をここで改めて批判的に検証するために、救済史的転換モデルとマタイ福音書における異邦人への両義的評価の関係について、研究者たちの見解をまとめてみたい。

橋本滋男[2]は、「10.5-6 の異邦人伝道を禁じる句と 28.19 の異邦人伝道を促す句が、同一作品中にあるという矛盾」[3]は、福音書記者マタイが自身の属する共同体内に存在するユダヤ主義的キリスト者に配慮しつつ異邦人伝道を正当なものとするために、「福音の担い手を救済史的段階に分けて考え、イエスの生前には、福音は何よりイスラエルに照準をあてて語られたのであることを認め、しかも復活以後は異邦人伝道の時代であると考える」[4]ことで解決をはかったことを表しているとする。

Ulrich Luz[5]もまた、これらの矛盾について、マタイ共同体が宣教の転換点にあることを示しているという説をとっている。イスラエル宣教が頓挫する中、マタイ共同体は「彼らの」シナゴーグから分離し、異邦人宣教へと踏み

　　すなわち幼児イエスを崇拝することを望むのである（2 節）」（ルツ『マタイ (I/1)』、158-159 頁）。

2　橋本滋男「マタイ福音書における異邦人の位置」、『基督教研究』（同志社大学）47 号、1986 年、16-45 頁。

3　同論文、37 頁。

4　同論文、38 頁。橋本は、ここにはさらにマタイ自身の反異邦人的体質を乗り越えるための自己批判を見出す。

5　Luz, *Matthew 1-7*, p. 52-54.

出す途上にあったのであり、マタイのもっとも重要な関心のひとつは、この異邦人伝道の決断を共同体の中で擁護することであったという。この執筆目的の中で、マタイは復活のイエスの宣教命令（28:19-20）を、地上のイエスの宣教命令（10:5-6）のアンチテーゼとして対置したという。

また、須藤伊知郎[6]はマタイ10:5以下と28:19との関係についての研究史上の説明モデルを史的前後関係、救済史的順序（交替説および制限撤廃／拡大説）、相補関係の三つに整理し、自身の結論としては「神の民への帰属による個別民族主義から諸民族の実践による普遍主義への転換」を28:19は示しているとし、救済史的拡大モデルに、史的前後関係モデルや相補関係モデルを批判的に包摂したモデルを提示している。

Matthias Konradtもまたマタイ10:5-6と28:19の関係を「解釈上の中心的課題」[7]としている。28:19にイスラエルの拒絶を見出してきた研究者たちと異なり、Konradtは、10:5-6の指示はイエスの復活後にも有効であり、地上のイエスと弟子たちによるイスラエル限定の宣教から普遍的救済への発展を示す28:19-20は、異邦人や教会がイスラエルを代替することを意味しないという。「10:5-6と28:19の並置はイエスのアイデンティティもしくは〔イエスという存在が持つ〕意義の段階的開示へと結びついている」[8]というのである。このようにKonradtは10:5-6で示されたイスラエル宣教の継続を主張する一方で、復活前後すなわち28:19における宣教の質的転換を見る点では従来の研究者と異なるところはない。

このように、研究史上有力な諸説の多く[9]は、28:19にひとつの転換点を見出してきた。しかし、マタイ福音書が描く復活前のイエスの働きが異邦人をもその対象に置いていることは、例えば12:18-21のイザヤ書からの成就引用において、イエスの働きが「異邦人に正義を知らせる」ことになぞらえられていることや、後に詳述する（5.1.2, 本書119頁）イエス自身の宣教の足取り（4:12-17; 8:28-34; 15:21-28）からも明らかである。復活を転換点とする

---

6 須藤「マタイ福音書における ἔθνος」、8-18頁。3.4（本書89頁）参照。

7 Konradt, op. cit., p. 1.

8 Ibid., p. 14.

9 本項に挙げた他は第1章注25（本書29頁）参照。

第 5 章　マタイによる諸民族宣教——救済史的転換モデルを乗り越えて

説からは、このような復活前のイエスによる異邦人宣教の例を十分に説明できない。

上述の須藤説に示される、ἔθνος の用法に着目し、「神の王国はあなたがたから取り上げられ、その実を結ぶならばどの民族にでも与えられるであろう」(21:43) を分水嶺として「異邦人」から「諸民族」へと語義が推移しているという観察は、私見によれば的を射ている。しかしそうであるならば、救済史的転換点は 21:43 となるはずではないか。また、実践による普遍主義への転換はすでにバプテスマのヨハネの警句（マタイ 3:7-12、とくに 3:8-9「悔い改めにふさわしい実を結べ。『我々の父はアブラハムだ』などと思ってもみるな。言っておくが、神はこんな石からでも、アブラハムの子たちを造り出すことがおできになる」）に示されている。「マタイはヨハネ、イエス、弟子たちの宣教内容を天の王国の接近を告げる『王国の福音』(4,23; 9,35; 24,14) と規定して、その継続性を強調している」[10] からには、実践による普遍主義への転換はマタイの中に一貫しているテーマであることにならないだろうか。

本章では、研究史上の諸説と批判的に対話しつつ、異邦人宣教がマタイ福音書を通じて肯定的に扱われていることを示し、矛盾要素とみられてきたものの解消について、新しい視点を提示することを試みる。

5.1 「異邦人宣教」は禁止されているか？

マタイが描く地上のイエスは、異邦人宣教に対して否定的・消極的である、というのは、実はさほど自明のことではない。異邦人宣教の否定の根拠とされてきたのは、主に以下の要素である。

1) 10:5 および 15:21-28 における異邦人への宣教禁止
2) イエス自身の宣教がイスラエルに限定されていること
3) マタイ福音書における「異邦人」否定（5:47; 6:7, 32; 18:17; 20:19, 25）

10　須藤「マタイ福音書における ἔθνος」、14 頁。

5.1 「異邦人宣教」は禁止されているか？

4）マタイ福音書における救済史的前提

　これらの要素が果たして異邦人宣教を否定しているのか、以下に具体的に検討してみたい。1）異邦人への宣教禁止については 5.1.1 において、2）イエスの宣教のイスラエル限定については 5.1.2（本書 119 頁）において、3）マタイ福音書における「異邦人」否定については 5.1.3（本書 122 頁）においてそれぞれ扱う。4）マタイ福音書に救済史的前提をあてはめることの問題については、すでに 2.2（本書 55 頁）において扱ったとおりである。

5.1.1　異邦人への宣教は禁止されているか？

　既述のように、マタイ 10:5-6 には一見、異邦人宣教を否定し、禁止するかのようなイエスの言葉が記されている。ここではまず、当該の句を含む箇所である 10:5-15 と、それに続く 10:16-23 について、釈義的分析を試み、異邦人宣教がこれらの箇所において否定あるいは禁止されているかどうかについて検証を行う（なお、マタイ福音書においてもう一箇所、異邦人宣教を否定するかのようなイエスの言葉が記された 15:21-28 は、5.3-④（本書 128 頁）において扱う）。

　10:5-15（マルコ 6:7-13 に由来）と、10:16-23（マルコ 13:9-13 に由来）を、弟子派遣の文脈において結合させたのはマタイによる編集である。両箇所は、派遣される弟子たちへの訓示という点で共通しているが、10:5-15 はイエスによる弟子たちのふるまいや働きについての訓示であるのに対し、10:16-23 では彼らが置かれるであろう状況が、より一層厳しいものとして提示されている。この状況は、過去のイエスの弟子たちが経験する迫害として描写されているが、そこには福音書記者マタイ自身がかつて経験し、今なおその渦中にある迫害の経験が重ねあわされている[11]。

11　「10:16-23 のいくつもの項目はこのテクストが十二弟子の歴史的状況を超えてマタイ自身の時代の宣教者たちの状況を含むことを示している」（Davies and Allison, *Matthew 8-18*, p. 179）。ルツ『マタイ（I/2）』、148 頁はこのことを「教会の全宣教活動が直接的にイエスの派遣に根ざしている」と、「予型論的」に理解している。

第5章　マタイによる諸民族宣教――救済史的転換モデルを乗り越えて

①異邦人への「証し」(μαρτύριον)

10:5 が異邦人宣教の禁止を意味しているとするならば、10:18 には早速それに反するかのようなことが命じられている。18 節「あなたがたは総督たちや王たちの前に引き連れられるであろう、私のゆえに、彼らと異邦人への証しのために」(καὶ ἐπὶ ἡγεμόνας δὲ καὶ βασιλεῖς ἀχθήσεσθε ἕνεκεν ἐμοῦ εἰς μαρτύριον αὐτοῖς καὶ τοῖς ἔθνεσιν) を、マタイはマルコ 13:9b「あなたがたは総督たちや王たちの前に立たされるであろう、私のゆえに、彼らへの証しのために」(καὶ ἐπὶ ἡγεμόνων καὶ βασιλέων σταθήσεσθε ἕνεκεν ἐμοῦ εἰς μαρτύριον αὐτοῖς) を改変して持ち込んでいる。マタイはマルコ 13:5-13 を、一部重複を残しながらマタイ 10:17-22 と 24:4-14 に分割しているが、καὶ τοῖς ἔθνεσιν(「異邦人への」)の付加は、おそらくマルコ 13:10「まずすべての民に福音が宣べ伝えられなければならない」(καὶ εἰς πάντα τὰ ἔθνη πρῶτον δεῖ κηρυχθῆναι τὸ εὐαγγέλιον) に相当する。ルツはこの点について、「諸民族宣教について語っているこの句の残りは、マタイは内容上の理由から (10:5-6 参照!)、削除した」[12] と論ずるが、そうであれば当該句をすべて削除することもできたはずである(ルカ 21:12 参照)。

「証し」(μαρτύριον) はまさにその 24:14「この御国の福音はすべての居住地において証しのためにすべての民へ宣べ伝えられるであろう、それから終わりが来るであろう」(καὶ κηρυχθήσεται τοῦτο τὸ εὐαγγέλιον τῆς βασιλείας ἐν ὅλῃ τῇ οἰκουμένῃ εἰς μαρτύριον πᾶσιν τοῖς ἔθνεσιν, καὶ τότε ἥξει τὸ τέλος) が示すように、単なる弁明を超えて、福音宣教を含意している[13]。マルコ 6:11／ルカ 9:5 において言及される「足の塵を払う」という否定的な意味での μαρτύριον が、マタイ 10:14 からは削除されていることからも、マタイにとっての μαρτύριον が福音宣教と結びついていることが伺われる。

12　ルツ『マタイ (I/2)』、145 頁。
13　Hagner, *Matthew 1-13*, p. 277. なお、ルツ『マタイ (I/2)』、150 頁は、「マタイはこの後に余韻を残す付加によって、ユダヤ人に対する弟子たちの宣教 (5-6, 23 節) の枠を壊し、彼自身が自分の現在において経験し、また後になって初めて話されることになる事柄 (24:9-14; 28:18-20 参照) を読者に想起させようとするのであろう」と、この箇所における異邦人への福音宣教の予告と、10:5-6 の不整合を説明しようとしている。

5.1 「異邦人宣教」は禁止されているか？

② 10:5「異邦人の道に逸れて行くな（μή ἀπέρχομαι）」

10:5 は 10:6 や 10:23 との関連の中で解釈されるべきである。10:6 が指示しているのは、「異邦人の道に行く」ことよりも「イスラエルの家の失われた羊のところへ行く」ことが優先する（μᾶλλον）ということであり、それは 23 節にあるように、「あなたがたがイスラエルの町々を（回り）終えない」うちに再臨が起こるという、切迫した終末観のためである。それゆえ、10:5 は異邦人に対する宣教そのものを否定や軽視しているのではなく、「イスラエル」に対し、「天の国は近づいた」（10:7）という切迫した終末を宣教することが優先すると命じていることになる。

また、10:6「イスラエルの家の失われた羊」は 9:36「羊飼いのいない羊のように困り果て、倒れ伏している」群衆をイエスが見て憐れんだことを受けた表現である[14]。この群衆＝羊飼いのいない羊のモチーフは、旧約のイスラエルの民（民数 27:17; 列王上 22:17; 歴代下 18:16）が意識されている[15]。しかし一方で、これらの群衆はガリラヤ地方の町や村の住民であり、すなわち「異邦人のガリラヤ」の住人である[16]。宣教の理念的なイスラエル集中は異邦人排除を必ずしも意味しないのである。このことを次項の 10:23「イスラエルの町々」の釈義によってさらに明らかにしたい。

---

14 マタイの編集が 9:36 の羊と 10:6 を対応させていることについては Davies and Allison, op. cit., p. 147 が指摘。

15 ルツ『マタイ (I/2)』、115 頁; Hagner, *Matthew 1-13*, p. 260; Keener, *Matthew*, p. 197; Davies and Allison, op. cit., p. 147.

16 Gundry, op. cit., p. 181 はこの群衆が 10 章および 28:16-20 での弟子派遣における諸民族宣教の対象を予示しているとまで見ているが、この解釈は直後の 10:5-6 の存在とかみ合わない。Saldarini, *Pharisees, Scribes and Sadducees*, ch.12, "The Place of the Pharisees in Jewish Society" は、ガリラヤには多数のユダヤ人のほか、かなりの数の非ユダヤ人居住者もいたと述べている。すなわちガリラヤの町々や村々から集まった群衆は、事実関係としては異邦人を含むユダヤ人群衆であるが、マタイの視点からは理念的に、イスラエルの民と異邦人という二重のイメージが重ねられていると考えられる。「異邦人のガリラヤ」の解釈については 5.1.2-①（本書 120 頁）参照。

第5章 マタイによる諸民族宣教——救済史的転換モデルを乗り越えて

③ 10:23「イスラエルの町々」

10:23 における「イスラエルの町々」について、田川建三[17]は、「パレスチナ（ないしユダヤ）在住のユダヤ人には限定されない。ヘレニズム・ローマ世界に広く散らばっているユダヤ人のディアスポラを頭に置いているのであろう」としている。

須藤は研究史上に見られる同様の解釈類型を「属人的解釈」（イスラエルの民が住んでいる町々）と分類し、それとは異なる「地理的解釈」（イスラエルの地にある町々）をとる。マタイの用語法（2:20-21「イスラエルの地」や、10:5「サマリアの人の町」は地理的領域を意味する）からはそれが自然だからである。しかし一方でこの解釈では「マタイ福音書全体の構想に合致しなくなる」が、それは「福音書の構想では弟子たちの宣教の場は復活節後に全世界に拡大している（28:19）」[18]からである。そこで須藤は地理的解釈とマタイ共同体の現状の双方に整合する二通りの解釈を提示する。一つは、弟子たちが現在、宣教に取り組む中で激しい迫害に遭い、そして「イスラエルの地における宣教活動もまた全体としては失敗に終わった」[19]という状況において、その宣教を完成するのは「人の子」すなわち再臨するイエス自身なのだ（から意気消沈する必要はない）、という解釈である。もう一つは、弟子たちの宣教地域をシリアという、理念的にはイスラエルに含まれるが、事実関係としてはローマ属州である地域に至ると想定することによって、まさにこれから宣教が及ぼうとする「イスラエルの町々」があるとする解釈である。この場合、「イスラエル伝道と異邦人伝道はシリアの領域で完全に並行して進行している」[20]ことになる。

さて、「属人的解釈」の場合には、イスラエルの民が住んでいるディアスポラの町々に宣教が及ぶとき、そこにいる異邦人の存在を除外することはできない。また、「地理的解釈」の場合にも須藤の二番目の解釈をとれば理念上の地理的イスラエルにおいてまさに異邦人宣教が進行していることになる。

---

17 田川『新約聖書 訳と註』、646頁。
18 須藤「人の子による『大イスラエル』の復興？」、16頁。
19 同論文、18頁。
20 同論文、22頁。

5.1 「異邦人宣教」は禁止されているか？

　このように、属人的、地理的、いずれの解釈をとった場合でも、宣教対象をイスラエルの町々に限定することは、異邦人宣教の進行とは矛盾しないのであるが、本研究においては、属人的解釈をとることとしたい。10:23 の地理的解釈は 10:5b との対比からもたらされるが、しかし、10:6 との関連からは属人的解釈が有利に思われる。「イスラエルの家の失われた羊」の所在は地理的イスラエルに限らないからである。また、10:5 を異邦人の道へと「逸れて行くな」(μὴ ἀπέρχομαι)[21] と解釈することは 10:23 をより属人的解釈へと引き寄せる。弟子たちが赴くべきはイスラエルの民のところであって、そこからなし崩しに異邦人へと宣教の方向を移すことがあってはならない、というのである。すなわち、この句が指し示しているのは、前項での指摘のとおり、10:5-6 と組み合わされての、宣教に関する終末的切迫感なのである[22]。
　加えて、10:5-6 の宣教命令はマタイ福音書の中では終了も取り消しもされていない。24:14 や、復活後のイエスの指示（28:19-20）を媒介として、福音書記者マタイの現在と結びついている命令なのである。
　以上から、10:5 が示すのは、異邦人宣教の排除ではなく、宣教のイスラエル集中であることが確認できる。

5.1.2　イエスの宣教の足取り
　復活前のイエスの宣教の足取りもまた、地理的イスラエルの領域を踏み越えている。
　橋本[23] は「イエスの生前には福音の宣教はユダヤ内に限定されておりユダ

21　ἀπέρχομαι はある特定の場所を離れることを意味する（"ἀπέρχομαι", 1-a, BDAG, p. 102）。それゆえ、Ⅰエズラ 4:11 の「誰も自分のことをなすために〔持ち場を〕離れることはできず」（καὶ οὐ δύνανται ἕκαστος ἀπελθεῖν καὶ ποιεῖν τὰ ἔργα αὐτοῦ）のように、本来あるべき場やつとめから離れることを意味することがある。

22　須藤は 10:23「イスラエルの町々」を地理的に解釈し、かつ「人の子が来る」ことを再臨と理解することは、全世界に福音宣教が及ぶというマタイ福音書の基本構想に合致しないように見えることを指摘している。須藤は前述のように、この釈義的困難を、弟子たちが完成しえない宣教を再臨の人の子が完成させる、という終末論的慰めを伴った励ましの言葉と解釈することで解決している（須藤、前掲論文、16-19 頁）。

23　橋本「マタイ福音書における異邦人の位置」、25 頁。

第 5 章　マタイによる諸民族宣教――救済史的転換モデルを乗り越えて

ヤの境界を越えることはない」とするが、次の諸点とは整合しない。

　① 4:12-17 では、イエスがガリラヤにおいて宣教を開始したことが述べられるが、そのガリラヤとは「異邦人のガリラヤ」であることをマタイはイザヤ 8:23 の成就引用を用いてあえて記す。ガリラヤを異邦人の地とすることはイエスおよびマタイ当時の社会状況からはかけ離れたフィクションであるが[24]、マタイがあえてそのように記したことに意味がある。研究者たちの中には、「異邦人のガリラヤ」という表現を 10:5 における宣教のイスラエル集中と整合させるにあたり、ここに弟子たちの宣教が予示されているという解釈をとる者もあるが[25]、このような解釈の前提となる救済史的転換モデルの問題についてはすでに指摘した（1.3, 本書 26 頁）。ここでの「異邦人のガリラヤ」は、マタイが読者にガリラヤを異邦人地域として印象付け、イエスの宣教領域が地理的イスラエルに限定されないことを示すための表現であると考えられる。

　② 8:28-34 では、イエスは「向こう岸のガダラ人の土地」（εἰς τὸ πέραν εἰς τὴν χώραν τῶν Γαδαρηνῶν）へと赴く。橋本[26] は、ゲラサからガダラへの変更をイスラエル領域内への変更と読み取るが、マタイ福音書の中にガダラをイスラエル領域と見なす根拠となる記述はない。むしろガダラは有名なヘレニズム都市であり[27]、多くの異邦人が居住していた都市である。また、豚が飼

24　同論文、24 頁および Luz, *Matthew 1-7*, p. 158 参照。
25　「マタイが『異邦人のガリラヤ』という表現に固執したとすれば、そこに窺われる彼の意図は、イエスの宣教を異邦人の救いと関係づけること以外にありえない。彼は、それによって、イエスの福音が異邦人にも扉を開くものであることを示唆している。マタイが念頭に置いていたのは明らかにガリラヤ地方在住のユダヤ人である。そして事実、イエスの宣教はイスラエルの家の失われた羊として言い表されたユダヤ人の間に限られている。しかし、『異邦人のガリラヤ』という表現はイエスの宣教に先立つ、準備的コメントに現れるのであり、その意味で、いわば、イエスと異邦人の預言的接触と呼ぶべきものである」（小河『マタイ福音書神学の研究』、121-122 頁、下線は引用者による）、あるいは、「イエス自身はガリラヤにおいて主にユダヤ人に宣教するのであるが、この表現は弟子たちによる異邦人に向けてのより広い宣教を予型的に示している」（Gundry, op. cit., p. 60）。
26　橋本「マタイ福音書における異邦人の位置」、24 頁。
27　E. シューラー著、小河陽・安達かおり・馬場幸栄訳『イエス・キリスト時代のユダヤ

5.1 「異邦人宣教」は禁止されているか？

われていることは、この地がマタイにとって明らかに異邦人の地として描写されていることを示している。

③ 15:21-28 のカナンの女性との出会いの舞台について、橋本[28]はマタイが「シドン」を加えてこの地域が「ユダヤの領地をはるかに離れた異邦人の地域」であることを強調していることを認めつつも、μέρη（地方）の付加によるあいまい化により、また γυνὴ Χαναναία ἀπὸ τῶν ὁρίων ἐκείνων ἐξελθοῦσα（彼女自身の領域から出てきたカナンの女性）という表現から、イエスがこの領域に入っていないと想定する。しかし、これはやや不自然である。ただし、この女性が「出てくる」（22 節）ことには後述するように（5.3-④、本書 128 頁）、マタイの意図が含まれている。

また、福音書の末尾（28:16-20）では、復活のイエスがガリラヤの山で弟子たちに出会うのであるが、これらの記述から、イエスの宣教はガリラヤから始まり、ガリラヤに終わり、そしてそこを中心に、そこからの出入りを伴うものであり、シリア北方からヨルダンの向こうまでを含むものであり、地理的なイスラエルに留まるものではないことがわかる。

なお、マルコ 3:7-8 の、群衆がガリラヤ、ユダヤ、エルサレム、イドマヤ、ヨルダン川の向こう側、ティルスやシドン周辺からイエスのもとへ集まってくるという記述を、ルカは「ユダヤのすべて、エルサレム、そしてティルスやシドンの海岸から」（6:17）群衆がやってくるという救済史的順序を意識して編集[29]しているが、マタイは「ガリラヤ、デカポリス、エルサレム、ユダヤ、ヨルダン川の向こう側から」（4:25）と、むしろ地理的順序に沿って記述しており（北から順に西、東と交互に）、宣教の救済史的拡大は意図されていないと考えられる。

民族史Ⅲ』、教文館、2014 年、154-156 頁には、ガダラの領域はゲネサレト湖に接するガリラヤ東端にあたるとされているが、同時に「キリスト教時代以前のガダラがギリシア都市として栄えていたことは夥しい資料が示している」とする。

28 橋本「マタイ福音書における異邦人の位置」、30 頁。
29 そして復活後には弟子たちがまさに、エルサレム、ユダヤ、サマリアの全土、地の果てへの宣教に派遣される（使徒 1:8）。

5.1.3　否定されるべき「異邦人」

次に、異邦人宣教について否定的な要素とみなされてきた、マタイ福音書における「異邦人」に対する否定的な評価について分析を試みる。

5:47 は直前の 5:46 における徴税人と並んで、異邦人に対する否定的な評価が前提となっている例示である。6:7 では、祈るというふるまいにおいて、やはり異邦人が否定的に例示される。6:32 では、生活上の心配は、異邦人が切望する（ἐπιζητέω）ことだとして、否定的に例示される。異邦人が切望するようなものを気にかけることは、「小信仰」（6:30）でしかない。20:25 では支配者や権力者の横暴なふるまいが異邦人世界の特徴としてやはり否定的に例示される。18:17 では異邦人は徴税人と同様の、好ましからざる存在として例示される。20:19 では受難予告において、イエスを迫害する敵対的な存在として予告される。

これらから明らかなことは、20:19 を除き、「異邦人」が否定的に言及されるのは例示の中においてであり、具体的な個々の存在としてではなく、いわばステレオタイプ的な捉え方をされていることである。

Runesson[30] はこのことについて、マタイが非ユダヤ的な生活習慣、文化、アイデンティティを退けようとしていることを表していると述べている。マタイの構想の中では、非ユダヤ人たちは、明らかにユダヤ人の律法によって教えられるべき存在である。しかし、異邦人だけが典型的な他者とされるわけではない。彼らと同じように振る舞う者もまた同様の非難を受けるのである。一方で、救いはユダヤ民族にのみ制限されてはいない。マタイによれば、イエスを救い主と信じて従う者こそ、律法に完全に従って生きているのであり、復活後にはイエスに従う者ということにおいて異邦人とユダヤ人の区別はない、と Runesson は論じている。しかし、これまで確認してきたように、その区別の撤廃は復活を契機としてはいない。

さらには、12:18-21 のイザヤ書の成就引用もまた、異邦人が宣教の対象であることを明らかにしている。イエスが群衆を癒したのちにこの成就引用が

30　Runesson, op. cit., pp. 143-145.

述べられるということは、その群衆の一部あるいは全体が異邦人であることを示している。そしてそれはこの場面に限られるのではない。イエスの教えと行為、すなわち宣教のすべてにわたって、異邦人はその対象たりうるのである。

5.2　マタイ福音書における ἔθνος の用例

　前項までの考察において、マタイ福音書が描くイエスや弟子たちの宣教領域は地理的イスラエルに留められてはいないこと、異邦人は宣教対象から除外されてはおらず、しかしイスラエルが優先すること、そして「異邦人」というステレオタイプは否定・非難の対象であることが確認されたが、ここで、改めてマタイ福音書における ἔθνος の用例を俯瞰してみたい。次ページの表はマタイ福音書の ἔθνος および隣接語である ἐθνικός、そしてマルコ福音書の ἔθνος についてまとめたものである。

　この表[31]からも、マタイ福音書において 1) 一貫して ἔθνος は宣教対象として扱われていること、2) 一方で、明らかに「諸民族宣教」を指向するマルコ 11:17 と 13:10 を福音書記者マタイは削除あるいは改変していることが確認できる。マタイが描く地上のイエスは ἔθνος をも宣教の対象としている。しかしそれはマルコ的な構想においての「諸民族宣教」とは異なるのである。そのことはこの表が示すように、3) 一般的な例示として扱われる ἔθνος そして ἐθνικός（「異邦人」の訳が妥当）が否定的な意味を持つこととも整合する。

31　この表からも、須藤「マタイ福音書における ἔθνος」、8-9 頁が示す、マタイ 21:43 を転換点とする ἔθνος の語義の推移は明らかである。

ἔθνος・マタイ

*印は並行箇所を示す。

箇所	用法	私訳（当該箇所のみ）	内容
4:15	複数形・定冠詞有	「異邦人の」ガリラヤ [旧約引用]	宣教対象
6:32	複数形・定冠詞有	これらすべては「異邦人が」求めるもの	否定的
10:5	複数形・定冠詞なし	「異邦人の」道に行くな	宣教対象・否定的
10:18	複数形・定冠詞有	彼らと「異邦人への」証言のため	宣教対象
12:18	複数形・定冠詞有	「異邦人へと」正義を [旧約引用]	宣教対象
12:21	複数形・定冠詞なし	「異邦人は」彼の名に望みを抱く [旧約引用]	宣教対象
*20:19	複数形・定冠詞有	彼を「異邦人へと」引き渡す	否定的
*20:25	複数形・定冠詞有	「異邦人の」支配者が彼らを治める	否定的
21:43	単数形・定冠詞なし	その実を結ぶ「民」に与えられるだろう	
*24:7	単数形・定冠詞なし	「民」は「民」に立ち上がり	
24:9	複数形・定冠詞有	すべての「民」／「異邦人」に憎まれる	否定的
24:14	複数形・定冠詞有	すべての「民」／「異邦人」への証言のために	宣教対象
25:32	複数形・定冠詞有	すべての「民」／「異邦人」は彼の前に集められるだろう	
28:19	複数形・定冠詞有	すべての「民」／「異邦人」を弟子とせよ	宣教対象

ἔθνος・マルコ

箇所	用法	私訳（当該箇所のみ）	内容
*10:33	複数形・定冠詞有	彼を「異邦人へと」引き渡す	マタイ20:19並行
*10:42	複数形・定冠詞有	「異邦人の」支配者が彼らを治める	マタイ20:25並行
11:17	複数形・定冠詞有	すべての「民」／「異邦人」の祈りの家	マタイ21:12-17より除外
*13:8	単数形・定冠詞なし	「民」は「民」に立ち上がり	マタイ24:7並行
13:10	複数形・定冠詞有	まずすべての「民」／「異邦人」へ福音が宣教されるべき	マタイ24:14へ変更

ἐθνικός・マタイ

箇所	用法	私訳（当該箇所のみ）	内容
5:47	複数形・定冠詞有	「異邦人も」同じ事をしている	否定的
6:7	複数形・定冠詞有	「異邦人のように」繰り返し言うな	否定的
18:17	複数形・定冠詞有	「異邦人のように」また徴税人のように	否定的

表　マタイおよびマルコにおけるἔθνος・ἐθνικός

　それでは福音書記者マタイが構想する諸民族宣教とはどのようなものか。次項において考察したい。

5.3　救われるべき「異邦人」？

　マタイが「異邦人」を宣教対象とし、かつ、一般的な例示としての「異邦人」に対しては厳しい評価を下す一方で、マタイ福音書が扱う個々の異邦人は、むしろ信仰者の模範として登場する。

5.3 救われるべき「異邦人」?

①系図の中の女性たち(マタイ 1:3, 5, 6)

橋本[32]は、系図中に突如として登場するタマル、ラハブ、ルツ、ウリヤの妻という4名の女性が、異邦人とみなされることを指摘し、「イエスの説く福音がイスラエルの枠内に限定されるものでなく、狭い民族の範囲をこえて広い世界に広められていくべきものであることを予示している」と述べている。

Runesson[33]はさらに進んで、「彼女らは恐らくマタイの時代にはユダヤの伝統の中では異邦人ではなく、改宗者とみられていた。マタイ福音書はその初めにおいて、異邦人が改宗者としてユダヤの民に加わることの正当性を示していることになる」と述べている。

Davies and Allison[34]もまた、これらの女性たちがイエスの系図に組み入れられているのは、カナン人もしくはアラム人であるタマル、カナン人であるラハブ、モアブ人であるルツ、そしてヘテ人ウリヤの妻であったバトシェバというように、彼女たちが異邦人であったことに関係していると述べている。一方でタマル、ラハブ、ルツについては改宗者であったとする証言についても触れている[35]。

これら4名の人物に共通するのは、女性であること、非イスラエル人であること、そして今やマタイがイスラエルの血統の中心として示すものの只中に組み入れられていることである。彼女たちは、外側から内側へとやって来た存在なのである。

②東方の賢者たち(2:1-12)

この物語には、ユダヤの王ヘロデ、全エルサレム(πᾶσα Ἱεροσόλυμα)、祭司長たちや民の律法学者たちすべて(πάντες οἱ ἀρχιερεῖς καὶ οἱ γραμματεῖς τοῦ

32　橋本「マタイ福音書における異邦人の位置」、20 頁。
33　Runesson, op. cit., p. 145.
34　Davies and Allison, *Matthew 1-7*, pp. 170-172.
35　タマルについては、Strack und Billerbeck, *Kommentar zum Neuen Testament aus Talmud und Midrash*, Bd. 1, p. 15、ラハブについては ibid., pp. 20-21、ルツについては ibid., p. 25。

λαοῦ) が真の王であるイエスを認識することができない一方で、異邦人である賢者たちがイエスを真の王として拝礼（προσκυνέω）する、という信仰者としての地位逆転のモチーフ（3:9; 8:11-12; 21:43 を含む 21:28-22:14 の三つのたとえ）がすでに織り込まれている。

須藤[36]は、東方の賢者のエピソードに、終末時の異邦人のシオン巡礼を準拠枠として読み取り、求心的な方向性を見る。一方で 28:19-20 は遠心的であるという。しかし 28:19-20 の派遣は、遠心的であると同時に、22:2-14 の婚宴のたとえのように「集めてくる」求心性を持っていると考えられる。弟子にし、教えること（28:19-20）は、イエスが教えた律法の完全な遵守を求めること、すなわち律法の秩序の中に招き入れることを意味するのである[37]。

③カファルナウムの百人隊長（8:5-13）

異邦人がその信仰をイエスによって賞賛される二つのエピソード（「カファルナウムの百人隊長」および「カナンの女性」）をマタイは Q およびマルコから取り入れ、相互に関連づけるように編集している。二つのエピソードは接近→懇願→拒絶→再懇願→賞賛と承認→奇跡的治癒という枠組みに編み上げられている。このように解釈するためには、8:7 を疑問形ととる必要があるが[38]、そのほうが 8 節の百人隊長の言葉にはより整合する。

イエスの拒絶が、異邦人の家に入ろうとしないことを意味しており[39]、「イ

36　須藤「マタイ福音書における ἔθνος」、12-13 頁。

37　マタイ 27:57 に登場するアリマタヤ出身の金持ちであるイエスの弟子ヨセフについて、Davies & Allison, *Matthew 19-28*, p. 649 は、アリマタヤがサムエル記上 1:1 の「エフライムの産地ラマタイム・ツォフィム」である可能性を挙げている。これが正しければマタイにとってアリマタヤは（ルカ 23:51 はわざわざユダヤの町であると断り書きを入れているが）サマリアの一部と認識されていた可能性がある（イザヤ 7:9 参照）。マルコ 15:43 の原テキストから「議員」であるという記述が除かれていることもその証左となる可能性がある。

38　ルツ『マタイ (I/2)』、26 頁がこの句を「私が行って、彼を癒すべきだろうか」と否定の意味を込めた疑問形に訳することに同意。ほかに、須藤「マタイ福音書における ἔθνος」、10 頁参照。

39　Gundry, op. cit., p. 143 参照。

5.3 救われるべき「異邦人」?

エスの律法への忠実を際立たせる」[40]のだとすれば、百人隊長の応答は、イエスに対する信頼と共に、律法の秩序を受け入れる姿勢をも意味することになる。

「イスラエルの中の誰にもかくも大きな信仰を見出さなかった」(παρ' οὐδενὶ τοσαύτην πίστιν ἐν τῷ Ἰσραὴλ εὗρον) というイエスの言葉は、信仰において、本来イスラエルの中の者こそが、異邦人である彼より優れているはずであるという前提のもとに成り立つ逆説を述べている。イスラエルが他の民族から際立つべき要素とは、律法遵守を通して実践される義のことに他ならない(第4章、とくに4.2 (本書101頁)・4.3 (本書109頁) 参照)。

この言葉はさらに、この時点で百人隊長はイスラエルの外部の人間(=異邦人)であるというイエスの認識を表している。しかし「東や西から大勢の人がやって来る」終末的な「天国」のイメージは、彼がその一員となることをも示している。一方で「王国の子たちは外側の暗闇へと放逐される」(8:12)のである。このような再編は、前章で論じたように、義の実践すなわちイエスの教えに基づく律法の実践の有無を基準として、福音書記者マタイの現在において、義なる者とそうでない者が混在するコルプス・ミクストゥム[41]の中で進行中のことがらである。イエスによる宣教、そして弟子たちに委託された宣教、そしてマタイ自身による宣教こそ、接近した終末における天の国の再編へと向かうプロセスなのである。

40　ルツ『マタイ (I/2)』、29頁。
41　コルプス・ミクストゥム (Corpus Mixtum) は、マタイ研究史上、福音書成立の背景にある共同体が、義なる者とそうでない者によって混然と成立している状況を指して用いられてきた用語である。しかし本研究ではマタイ福音書成立の背景に、一共同体ではなく、より広い状況(いわゆる「キリスト教世界全体」)を想定することから(上述 1.5、本書 37 頁)、この語もまた、「キリスト教世界」全体の混成状況を指して用いることとなる。コルプス・ミクストゥムとしてのマタイ共同体に関する議論としては、P. Luomanen, "Corpus Mixtum?—An Appropriate Description of Matthew's Community", *Journal of Biblical Literature* 117, 1998, pp. 469-480 による批判、およびこれに対する反論である R. H. Gundry, "In Defense of the Church in Matthew as a *Corpus Mixtum*", *Zeitschrift für die neutestamentliche Wissenschaft* 91, 2000, pp. 153-165 を参照。

第 5 章　マタイによる諸民族宣教——救済史的転換モデルを乗り越えて

④カナンの女性（15:21-28）

　このエピソードは前項において述べたとおり、接近→懇願→拒絶→再懇願→賞賛と承認→奇跡的治癒という枠組みにおいて、百人隊長のエピソードに重なる。異なるのは、イエスの拒絶がより厳しく三重にもわたることである。決定的な拒絶として 24 節にマタイが付加したイエスの言葉が、10:6 と「イスラエルの家の失われた羊」という言辞によって結びつくことが、地上のイエスによる宣教対象の限定という解釈を生み出してきたことはすでに確認したとおりである。しかし、物語構造からいえば、この拒絶は乗り越えられることを前提とした拒絶、すなわち修辞的拒絶である。マルコ資料から「まず子供たちに十分食べさせなければならない」を除いたマタイは、救済史的拡大を否定している。イスラエルの家の失われた羊と、異邦人との徹底的な断絶をマタイのイエスは示す。しかし、主人のもとにやってくる小犬はすでに家の中にいるのである。本来的な構成員ではない者が、その信仰によってはるかにその家の構成員にふさわしくある、という構図は、百人隊長のエピソード、およびさらに遡ってバプテスマのヨハネの警句（3:9）に示された視点に共通する[42]。そこで示されているのは、逆に、イスラエルの血統にあっても、ふさわしくない者は除外されるということである（8:12; 21:43 参照）。

　Runesson[43]はカファルナウムの百人隊長とカナンの女性のエピソードの重点はまさにこれらの非ユダヤ人たちは外部者であり続けるが、しかし、信仰において、イエスがユダヤ人の正統な王であり、その権威がユダヤ人を超えておよぶことを認める者たちであることだと論じている。そして、ユダヤ教において彼らのような存在は「神を畏れる者」と呼ばれていたことになぞらえ、彼らは「キリストを畏れる者」と呼ばれるのがふさわしいという。さら

---

42 「神はこれらの石からアブラハムの子らを起こすことができる」という言辞においては、異邦人＝石という単純な比喩が示されているわけではないが、本来アブラハムの子とはまったく異質である者がその子孫とされ、血統においてその子孫である者たちは『私たちはアブラハムを父に持つ』と自らの〔心の〕中で言おうと思うな」と厳しく警告されるということは、カナンの女性（そして百人隊長）のエピソードとモチーフを共有している。

43 Runesson, op. cit., p. 146.

には、28:19-20 が示すのは「マタイのイエスはかつて外部者であり、いまや内部者となるべき異邦人に律法の完全な遵守を求めている。このようなユダヤ人と異邦人の区別をなくするような拡張の適切な呼び方は、改宗主義である。異邦人『他者』は、改宗によって中心に迎え入れられることで、その『他者性』から救われる」[44] ということであるという。

しかし、そうであるならば、カファルナウムの百人隊長やカナンの女性の例は、礼拝共同体の一員である「神を畏れる者」の範疇を超え、完全に律法の秩序のもとにあるイスラエルの一員たる「改宗者」にカテゴライズされるべきであろう[45]。

Eugene Eung-Chun Park[46] は、Ed Parish Sanders[47] がパレスチナ・ユダヤ教の神学的特徴として見出した「契約遵法主義」にマタイ福音書の姿勢が合致するか否かをテクストに即して検証する中で、マタイの救済論が、神の恵みによって契約を通して与えられたゆるがぬ土台である律法と、イエスの新しい権威による解釈という、二つの柱に基づいていることから、なお「契約遵法主義」の延長線上にあると論じている。しかし、「契約遵法主義」と異なるのは、救済は契約共同体の一員であることによって保証されるのではなく、あくまでイエスの解釈に基づく律法の実践にかかっており、それは全ての民に有効であるという点であると結論づけている。この Park による観察は、我々の視点と一致している[48]。

カファルナウムの百人隊長やカナンの女性の例はマタイが理想とする異邦人宣教の範型として提示されている。カナン人の女性は「その地方から出て

44　Ibid.

45　K. G. Kuhn, Art. προσήλυτος, *TDNT* vol.VI, pp. 727-744 および D. C. Sim, "Gentiles, God-Fearers and Proselytes", *Attitudes to Gentiles*, pp. 9-27.

46　E. E. C. Park, "Covenantal Nomism and the Gospel of Matthew", *Catholic Biblical Quarterly* 77, 2015, pp. 668-685.

47　E. P. Sanders, *Paul and Palestinian Judaism: A Comparison of Patterns of Religion*, Minneapolis: Fortress, 1977.

48　一方で Park は、マタイ 10:5 と 28:19 の間に存在する緊張を、やはりイエス自身の宣教と、復活後のマタイ共同体の異邦人宣教という枠組みで解決しようとしている（Park, op. cit., p. 682）。

第5章 マタイによる諸民族宣教——救済史的転換モデルを乗り越えて

来て」（γυνὴ Χαναναία ἀπὸ τῶν ὁρίων ἐκείνων ἐξελθοῦσα）イエスに懇願する。百人隊長は終わりの日にアブラハム、イサク、ヤコブの宴へと東から西から集まってくる者の一人である。異邦人は彼らのように、イスラエルの中に加わってくる存在であるときに、救われる対象となるのである[49]。

5.4 マタイの宣教論について

マタイのイエスは、そして弟子たちは、そしてマタイの共同体は、地理的なイスラエルに限らず、異邦の領域にあるイスラエルの町々を巡り、「イスラエルの家の失われた羊」たちを尋ね求め、宣教を実践する。しかしそれは「異邦人」に宣教するのではない。イスラエルに宣教するのだ。ただし、それは血統としてのユダヤ人をさすのではない。自らその中に加わってくる人々をも含むのである。このような求心性こそが、福音書記者マタイが描くイエス、十二弟子、そしてマタイ自身の宣教の特徴なのである。そのようにして東から西からやってくる人々によって、理念的な十二部族、大イスラエルが復興されることがマタイの理想なのだと考えられる[50]。その理想とはすなわち、律法の完全な遵守という義を基準とした再編によって生まれる神の国なのである。

---

49 これに反して、律法学者やファリサイ派が生み出す「改宗者」（マタイ 23:15）は、彼ら以上に律法の真の（すなわちイエスによって導かれる）完全な実践からかけ離れているので、天の国から閉め出される（23:14）。

50 Runesson, op. cit., p. 150 もまた、前述のように 28 章に復活を転換点とした民族の区別撤廃を読み取るが、それはパウロ的理解や、使徒言行録に記されたエルサレム使徒会議の結果である、二種類の律法遵守を認めるようなあり方とは異なり、むしろイスラエルの律法秩序の中に異邦人が招き入れられるということを意味するのであるという。

第6章　マタイの切迫した危機感について

—— ἀνομία 理解に寄せて

　さて、ここまで本研究では、マタイの宣教が、イエスが命じた「すべて」すなわちイエスの解釈に基づく律法の個々の掟の完全な遵守によって達成される義を基準とした、神の民イスラエルの再編を指向していることを確認した。神の民イスラエルは血統によらず、律法の忠実な遵守によって定められるのであって、すなわち実践的普遍主義によって再編されるべきものである。その再編にあたっての包摂と排除のプロセスにおいて、ふさわしい実践の実を結ばない不適格者をマタイは「不法」（ἀνομία）と呼ぶ。

　本章では、この「不法」（ἀνομία）の指示対象へのさらなる釈義的接近を試みるとともに、この語が福音書記者マタイの、切迫した終末的危機感と結びついていることを明らかにしたい。

　この語はマタイ福音書中に4回の用例がある（7:23; 13:41; 23:28; 24:12）。回数としては他の新約文書に比してやや目立つほどであるが[1]、より重要なのはこれらの4回の用例がいずれもマタイの編集が著しい箇所であり、そのことからマタイにとっての重要語であると判断できる点である。また、23:28を除く3例は終末における裁きについて扱っている箇所であり、23:28もより広い文脈においては終末的裁きに関係している。

　しかし、マタイは ἀνομία という批判の対象（すなわち何を ἀνομία と呼ん

---

1 ローマに3回（4:7; 6:19 に2回）、Ⅱコリントに1回（6:14）、Ⅱテサロニケに2回（2:3, 7）、テトスに1回（2:14）、ヘブライに2回（1:9; 10:17）、Ⅰヨハネに2回（3:4 に2回）。

第6章　マタイの切迫した危機感について──ἀνομία 理解に寄せて

でいるのか）については具体的に語っていない。

　研究史においては ἀνομία をマタイが教会内において対立していた反律法主義的グループであると同定する立場が、ほぼ定説の位置を占めてきたが、それに反し ἀνομία を特定のグループではなく、より一般的な悪や、律法に対してゆるやかな姿勢をとる者たちへの批判とする解釈も存在する。また、ἀνομία の具体的描写の不在を、その脅威がまだマタイ教会共同体の外にあり、具体的現実になっていないためであるとする立場も見られる。

　第一の解釈では ἀνομία の語が用いられる文脈において著しいマタイの終末的切迫感にもかかわらず、マタイがその論敵について具体的なことをほとんど何も語っていないことについて、十分に説明することができない。第二・第三の解釈ではマタイの終末的切迫感について、十分に説明することができない。本章の目的は、この矛盾を解消する新しい説明モデルを示すことにある。

6.1　ἀνομία とは何を指すのか？

　前述のとおり、ἀνομία に関しては研究史上に、大別して以下の三つの立場が存在する。

6.1.1　マタイ共同体内に反律法主義的存在を想定する立場。または、反律法主義的存在の共同体への影響が切迫したものであるとする立場

　Gerhard Barth[2] は、マタイが2つの正反対のグループを論敵としていると主張する。一方の論敵であるラビ的ユダヤ教に対してマタイは自らの律法解釈の正しさを強調し、結果として旧約律法の個々の掟を批判するに至ったが、もう一方の論敵である反律法主義者（antinomians）に対しては旧約律法全体の有効性を主張した、というのである。マタイにおける ἀνομία は反律法主義的な論敵を指しているとするこの Barth に代表される立場は研究史上、今

2　G. Barth, "Matthew's Understanding of the Law", in G. Bornkamm, G. Barth and H. J. Held (eds.), P. Scott (trans.), *Tradition and Interpretation in Matthew*, London: SCM Press, 1963, pp. 159-164.

日に至るまである程度定説として受け入れられている[3]。

Luz は 7 章の釈義において、マタイによって ἀνομία と批判されている内容は、いくつか想定しうるものの、はっきりとは特定できないとしながらも、マタイの「徹底した編集は偽預言者（ἀνομία を働く者ども）との争いが共同体内で現実の問題であった時にのみ理解可能である」[4]と論じている。また、13:41 の「無法を行う者たち」は「愛の命令を頂点とする聖書的律法を守らない者たちすべてを意味している」[5]のであり、そしてマタイ教会は彼らとの対峙の中で危機的状況にあるという[6]。

小河陽[7]も、マタイ教会は律法主義者と反律法主義者からなる混成的状況にあり、深刻な危機を迎えていたと想定している。

6.1.2 ἀνομία をより一般的な悪と見る立場

James E. Davison[8] は、Barth に反対し、七十人訳やユダヤ教の諸文献における用例研究によって、ἀνομία は反律法主義を意味するだけではなく、むしろ多くの用例では神の律法に違反する行いを指しており、そこには様々な種類の悪行が含まれることを示しているという。マタイにおける用例も同様に、特定の反律法主義を指すというよりも、神の掟や意志にまったく反するふるまいを指している、というのである。また Davison は、脅威となるグループと実際に対峙しているにしてはその描写に鮮明さが欠けているとも指摘している。それゆえ Davison は、マタイは ἀνομία によって特定の論敵を念頭に置いているわけではなく、信仰者が陥る、有徳的な生活におけるゆるみ（"laxity in the moral life of believers"[9]）を批判している、と結論づけている。

---

3 「これまでは、偽預言者にヘレニズム的反律法主義者を見るという、Gerhard Barth の提案がもっとも賛同を得てきた」(Luz, *Matthew 1-7*, p. 376)。
4 Ibid., p. 376.
5 ルツ『マタイ (I/2)』、439 頁。
6 ルツ『マタイ (I/3)』、507 頁。
7 小河「マタイ福音書における矛盾要素の併存の問題」、127 頁。
8 J. E. Davison, "ANOMIA and the Question of an Antinomian Polemic in Matthew", *Journal of Biblical Literature* 104, 1985, pp. 617-635.
9 Ibid., p. 634.

6.1.3　マタイ共同体への影響が将来的なものにとどまっているという立場

David C. Sim[10] は、ἀνομία を働く者たちとはマタイ共同体にとって目下の脅威である律法学者・ファリサイ派および、将来的に脅威となることが予想される共同体外の「偽キリスト者」のことであるという。彼らはマタイにとって近い将来に脅威となりうる存在ではあっても、その存在は現在の課題ではないと、Sim は結論している。

6.1.4　評価

確かに、Davison が明らかにしているように、ἀνομία（を働く者たち）のグループが教会共同体内に存在したとして、それがどのような教えを説き、あるいはどのようにふるまい、マタイにとってどのような脅威となっていたのか、について福音書は殆ど描写してはいない。しかし一方で、マタイの編集は ἀνομία（を働く者たち）との対立が福音書記者にとって切実な課題であったことを示しているというルツや小河の指摘にも十分な根拠がある。さらに、ἀνομία ＝信仰者の徳性の欠如という Davison の指摘は、マタイの律法（νόμος）への関心の強さと整合しない[11]。また、Sim 説のように、ἀνομία グループをマタイ教会外にある潜在的脅威とみなす説明では、マタイの切迫した危機感を十分に説明できない。

すなわち、ἀνομία（を働く者たち）の具体的な描写の欠如と、切迫した危機感について、両方を十分説明可能なモデルが研究史上にまだ存在していないのである。本章の目的は、そのモデルについて一つの仮説を提示することにある。

10　D. C. Sim, "Polemical Strategies in the Gospel of Matthew", in O. Wischmeyer and L. Scornaienchi (eds.), *Polemik in der frühchristlichen Literatur* (BZNW 170), Berlin: De Gruyter, 2010, pp. 491-515.

11　ただし Davison は、マタイが νόμος への強い関心ゆえにこそ、キリスト者としての有徳的生活への真摯さの欠如（"lack of seriousness about their moral lives as Christians"）を ἀνομία と呼んだと主張している（Davison, op. cit., p. 635）。

6.2 釈義

ここで、まず釈義を通してマタイが ἀνομία と呼んでいる対象に接近したい。ἀνομία はマタイ福音書では 7:21-23; 13:41-42; 23:27-28; 24:9-14 の四つの箇所に使用されている。

6.2.1 マタイ 7:21-23「終わりの日に主を呼ぶ不法の者たち」

²¹ 私に、主よ主よ、と言う者がすべて天の王国へと入ることはないであろう、しかし天にいる我が父の意志を行う者が〔入るであろう〕。

²² 多くの者たちが、かの日に私に言うであろう。主よ主よ、あなたの名で我々は預言したのではなかったか、あなたの名で悪魔を我々は追い出した〔のではなかったか〕、あなたの名で多くの力を我々は行使した〔のではなかったか〕？

²³ そしてその時、彼らに私は告げるであろう、決して私はあなたがたを知ったことなどなかったと。私から離れ去れ、不法を働く者たちよ (οἱ ἐργαζόμενοι τὴν ἀνομίαν)。

この記事は、マタイ福音書 5-7 章の山上の説教の結論部分を構成している箇所であり、ルカ 13:25-27 に並行箇所が存在する。

マタイ 7:23「私から離れ去れ、不法を働く者たちよ」＝ルカ 13:27「私から離れていよ、すべて不義の働き手たちよ」はともに詩編 6:9 LXX「私から離れていよ、すべて不法を働く者たちよ」に基づいている。

ルカでは（家の主人に対する）呼びかけは「共に飲み食い」「大通りでの教え」といった関係性を根拠とするのに対し、マタイでの（イエスに対する）呼びかけは「あなたの名で」(τῷ σῷ ὀνόματι)、「預言」・「悪霊の追い出し」・「多くの力〔あるわざ〕」(δύναμις) を行ったことを根拠にしている。

この、ἀνομία を働く者たちに対する非常に激しく厳しい警告を、マタイは山上の説教の結論部分に意識して置いている[12]。その警告は、「かの日」(ἐν

12　田川『新約聖書 訳と註』、620 頁。

ἐκείνῃ τῇ ἡμέρᾳ）という表現が示すように、終末における裁きに関する警告である。

ここで ἀνομία と指弾されている内容は何か。「御名によって預言し、御名によって悪霊を追い出し、御名によって奇跡をいろいろ行った」ことが非難されているという解釈も可能ではあるが、ここではその立場をとらない。なぜならばこういったふるまいはイエス自身のわざや弟子たちへの委託（cf. マタイ 10:8）と同じ行為だからである[13]。また、勝手に「御名による」（τῷ σῷ ὀνόματι）奇跡を行ったことがとがめられているとも考えることができるが（ルカ 9:29-50 参照）、むしろ、彼らが行った預言や悪霊追い出しや奇跡が、21 節の「天にいる我が父の意志を行う者」（ὁ ποιῶν τὸ θέλημα τοῦ πατρός μου τοῦ ἐν τοῖς οὐρανοῖς）に求められる「行い」と異なるゆえに、彼らは退けられていると考えるほうが文脈上自然であろう。

また「天の国に入る」（εἰσέρχομαι εἰς τὴν βασιλείαν τῶν οὐρανῶν）という表現によって 7:21 は山上の説教冒頭の 5:20「言っておくが、あなたがたの義が律法学者やファリサイ派の人々の義にまさっていなければ、あなたがたは決して天の国に入ることができない」を遡及的に指示しているゆえ、ἀνομία とはまさに「不・法」すなわち律法遵守において落ち度がある（それゆえに義において不十分である）ことを指すのだと理解することができる。さらに 7:21 には、続く箇所の初句 7:24「私のこれらの言葉を聞いて行う者すべて」（πᾶς οὖν ὅστις ἀκούει μου τοὺς λόγους τούτους καὶ ποιεῖ αὐτούς）への関連を見ることができるゆえ（24 節 οὖν「そこで」）、ここに求められている「天にいる我が父の意志を行う」とは、まさに山上の説教におけるイエスの教えのことごとくを実践に移すことであると考えられる。

退けられた者たちの実践はいかに目覚ましいものであっても、イエスの教え、すなわちイエスの律法解釈に則って律法のことごとくを遵守するという要件を満たしていないのである。

さらに、このように求められる律法の完全な遵守とは、実践そのものだけではなく、内面的動機の問題でもあることが、次項で検討する律法学者とフ

13　Hagner, *Matthew 1-13*, p. 188.

ァリサイ派への ἀνομία 批判から明らかになる。

6.2.2 マタイ 23:27-28「律法学者とファリサイ派の不法に対する非難」

²⁷ 災いあれお前たちに、偽善者なる律法学者たちとファリサイ派たちよ、お前たちは白く塗られた墓に似ているからだ。外側のいかなるものも確かに美しく輝いている、内側はしかし死者たちの骨とすべての汚れに満ちている。

²⁸ このようにあなたがたも外側は確かに義しさが人々に輝いている、内側はしかし偽善と不法（ἀνομίας）に満ちている。

　この言葉は、第2章において論じた、マタイ23:1-36の一連の「律法学者とファリサイ派」批判の一部（7つの災いのうち、第6の災い）である。これらの批判はマルコ12:38の律法学者批判の拡張であり、ルカ11:37-54のファリサイ派批判、律法学者批判と一部並行している。また、ルカ20:45-47の律法学者批判とも並行しており、Qへの資料依存は明らかである。

　しかし、資料を用いながら7つの災いへと編集したのはマタイである。中でも、この部分はマタイにのみ見られ、「内側」と「外側」という対比モチーフをQ資料から受け継ぎながらもマタイ的特徴がちりばめられている[14]。

　ここでの ἀνομία という批判が向かう対象は明確である（「律法学者とファリサイ派」）。「律法学者とファリサイ派」は5:20で反面教師として言及される者たちであり、義すなわち律法の完全な実践における瑕疵について批判されている存在であり、その意味で他の3か所で批判されている ἀνομία（を働く者たち）とまったく相似する存在である。

　しかし、やはりその内容は直接的・具体的には明示・例示されてはいない。確かに、7つの災いの中には様々なふるまいが列挙され批判されているが、それらのふるまい自体が ἀνομία なのではない。ここでの ἀνομία は「外側」

14　ルツ『マタイ (I/3)』、406頁およびその注である875頁に同意。Luzは根拠として、οὕτως, φαίνω, δίκαιος そして ἀνομία などがマタイの特徴語であることを挙げている。これらの語については Luz, *Matthew 1-7*, pp. 25-38 参照（いずれも使用の絶対回数が他の共観福音書に比して多く、また編集と判断される箇所の回数も多いことから、マタイの特徴語と判断される）。

(ἔξωθεν)に対して「内側」(ἔσωθεν)の問題だからである。

　彼らの様々なふるまいに対しマタイは、律法を教えるだけで実践しないという批判を向ける（23:3）。律法学者とファリサイ派は実に様々な実践にいそしんでいるが、マタイからすれば彼らは律法を実践しているわけではない。「彼らはそのすべてのわざを人々に見せるために行う」（23:5）だけなのである。すなわち、ここでマタイが問題にしているのは、実践（あるいは実践しないこと）を通してこそ明らかになる「内面」（23:28）なのである。

　このように、律法の完全な実践における瑕疵とは、実践そのものおよびその内面的動機における瑕疵であるが、それはすなわち「愛」の実践における瑕疵であることは、次項に取り上げる箇所の分析からも明らかになる[15]。

6.2.3　マタイ 24:9-14「終わりの時の不法」

⁹ その時、彼らはあなたがたを迫害へと引き渡すであろう、そして彼らはあなたがたを殺すであろう、そしてあなたがたはすべての民より（ὑπὸ πάντων τῶν ἐθνῶν）私の名のために憎まれるであろう。

¹⁰ そしてその時、多くの者がつまずかされ、そして互いに引き渡すだろう、そして互いに憎むだろう。

¹¹ そして多くの偽預言者たちが起こるだろう、そして多くの者が惑わされるだろう。

¹² そして不法が（τὴν ἀνομίαν）増すことによって、多くの者の愛が冷めるだろう。

¹³ だが最後まで耐えるその者は救われるだろう。

¹⁴ そして王国のこの福音は宣べ伝えられるだろう、世界の至るところで、すべての民への（πᾶσιν τοῖς ἔθνεσιν）証しとなるように、そしてその時終わりが来る。

15　ルツ『マタイ（I/1）』、583 頁、「内容的には、不法というのはマタイ的な律法の理解から理解しなければならない。つまり、『律法』とはイエスが行為と言葉でもって樹立した旧約的な神の意志、したがって、愛の戒律を頂点とする現行の旧約の律法である。それゆえ、マタイは 24:12 において、不法の充満を愛の冷めることと解釈している」。

6.2 釈義

　この箇所は24章の一連の終末預言の中の一節であり、ルカ21:7-19とともに、並行するマルコ13:3-13を資料としている。マタイはすでに、10:17-22で同資料の一部を用いているが、ここで同じ素材を再び俎上に載せるにあたり、より度合いが大きく技巧を凝らした編集の手を加えている[16]。

　まず、ἀνομίαへの言及を含む12節はマタイに独自の句である[17]。ここでもやはりἀνομίαの具体的な中身については明示も例示もされない。しかしἀνομίαが増すことは「愛が冷める」ことの原因である。マタイにとって「愛」が律法の要諦であるということは[18]、ἀνομίαが「愛が冷める」ことをもたらす、ということに整合する。前項および前々項において観察されたようにἀνομίαは律法の実践における瑕疵であり、それは律法の完全な実践によって実現されるはずの愛が冷めるという結果をもたらす。すなわちἀνομίαは愛の実践をさまたげるもの、愛の実践の対極にあるものなのである。

　次に注目すべきは、マルコでは対応する箇所の中間に置かれている13:10「しかし、まず、福音があらゆる民に宣べ伝えられねばならない」(καὶ εἰς πάντα τὰ ἔθνη πρῶτον δεῖ κηρυχθῆναι τὸ εὐαγγέλιον) が「まず」(πρῶτον) を削

16　ἀλλήλων（互い）と動詞の組み合わせの繰り返し、9-10節のπαραδίδωμι（引き渡す／裏切る）の繰り返しおよびμισέω（憎む）の繰り返し、13-14節におけるτέλος（最後／終わり）の繰り返し、9節と14節にπάντα τὰ ἔθνη（すべての民）の繰り返しなど。

17　ルツ『マタイ (I/3)』、491頁の判断では特殊資料ではなくマタイ由来であるというが、いずれにせよこの箇所に持ち込んだのはマタイの編集である。

18　「神を愛すること」・「隣人を自分のように愛すること」という二つの掟について、マタイ22:36-40をその並行箇所と比較すると、マルコ12:28-34はこれらの愛の掟について、律法の中での優先順位を問題にするのみであり、またルカはこのやりとりを「サマリア人のたとえ」の導入に位置づけ、律法学者の口に置いている。これに対しマタイ22:36-40はこれらの掟を挙げて「律法全体と預言者はこの二つの掟に基づいている」と結論づけている。さらにHagner, *Matthew 14-28*, p. 695「マタイにとって愛は律法の要旨（summary）である」(cf. 22:36-40)。同様に、Luz, *Matthew 1-7*, p. 380および『マタイ (I/3)』、507頁参照。また、田川建三は「マタイの実践概念は『愛』へと結晶する」としつつ、それを「実践の観念論」と批判している（田川建三『宗教とは何か　下　マタイ福音書によせて〔改訂増補版〕』、洋泉社、2006年、221-222頁）。

除したうえでこの箇所の末尾に置かれ、結論とされていることである[19]。ここには諸民族宣教と終末とを結びつけるマタイの意図がみられる[20]。一方、諸民族宣教はマタイの周囲ですでに生じている事態である[21]。マタイにとって終末が到来しているという切迫感は、進行中である諸民族宣教に関連している。また、むしろそれに由来していると考えられる。

　すなわち、諸民族宣教という終末論的事態が進行中であることと、ἀνομία（律法の実践における瑕疵）により「愛が冷める」ことが関係していることを、マタイはここで強調しているのである。

　諸民族宣教に対するマタイの判断については、次項で検討する箇所から、より明らかになる。

6.2.4　マタイ 13:41-42「畑に忍び込まされた毒麦である不法の者たち」

　[41]人の子は彼の使者たちを遣わすであろう、そして彼ら〔使者たち〕は彼の王国から、すべてのつまずかせる者どもと不法を行う者どもを（τοὺς ποιοῦντας τὴν ἀνομίαν）、より集めるであろう。

　[42]そして彼ら〔使者たち〕は彼ら〔すべてのつまずかせる者どもと不法を行う者ども〕を火の炉へと投げ込むであろう。そこでは泣きわめきと歯ぎしりがあるだろう。

　「種まきのたとえ」（マタイ 13:1-23、マルコ 4:1-20 に由来、ルカ 8:4-15 並行）および「『からし種』と『パン種』のたとえ」（マタイ 13:31-33、マルコ 4:30-32 に由来、ルカ 13:18-21 並行）に、マタイは「『毒麦』のたとえ」（13:24-30）を挟み込み、そのたとえの解説を付加している（13:36-43）。毒麦のたとえとその解説はマタイに特有の記事であり、特殊資料を用いてマタイが編集したものと考えられる[22]。

19　ルツ『マタイ (I/3)』、491 頁。
20　田川『新約聖書 訳と註』、801 頁によればこの結論化によりマタイは「福音」の「世界宣教」を終末が来るための前提条件として提示したのだという。
21　ルツ『マタイ (I/3)』、509 頁。
22　ルツ『マタイ (I/2)』、416 頁および 436 頁。

6.2 釈義

　解説部分である当該箇所は「種まきのたとえ」および「『からし種』と『パン種』のたとえ」というマルコ資料と、マタイ独自の部分である 13:44-52 の一連の「天の国のたとえ」との橋渡しの役目を果たしている。

　たとえとその解説において示されているのは、畑にたとえられる世界の中には現在、良い麦にたとえられる「王国の子ら」と毒麦にたとえられる「悪者の子ら」が存在しており、刈り入れすなわち終末の時に選別されるということである。

　42 節の「彼らを火の炉へと投げ込むであろう。そこでは泣きわめきと歯ぎしりがあるだろう」は 50 節においてまったく同様に繰り返される（マタイ 7:19 の良い実・悪い実の選別における「火に投げ込む」とも並行している）。

　「泣きわめきと歯ぎしり」は外への閉め出しモチーフとの組み合わせにおいてマタイに頻出する表現であり、「火の炉に投げ込む」とともに、終末における裁きを表している[23]。

　「不法を行う者ども」（41 節）と並行関係にあるものは「（毒麦である）悪い者の子ら」（38 節）および「すべてのつまずかせる者ども」（41 節）であり、対比関係にあるものは「御国の子ら」（38 節）および「義しい人たち」（43 節）である。

　ここでも「不法を行う者ども」の具体的内容は明示あるいは例示されないが[24]、マタイは黙示文学的表現によって「世の終わり」（39-40 節）における彼らへの厳しい裁きを際立たせている。

　41 節の「自分の国から集めさせ」のみに注目するならば、この裁きが下されるのは教会共同体に対してであって、「不法を行う者ども」＝「（毒麦である）悪い者の子ら」＝「すべてのつまずかせる者ども」も、「御国の子ら」＝「義しい人たち」も、いずれも教会共同体内の存在であるかのようである（マタイにとっての教会は「混成集団」であるとの理解）[25]。その理解は

23　第 4 章注 51（本書 109 頁）参照。
24　ルツはここで 7 章と 24 章との関わりから、愛による律法実践に欠ける者たちと判断している。ルツ『マタイ (I/2)』、439 頁参照。
25　田川『新約聖書 訳と註』、779 頁およびルツ『マタイ (I/3)』、507 頁。

38 節の「畑は世界」と整合しない。しかし、その矛盾はマタイが考えている「混成集団」の範囲をひとつの教会共同体に限定せず、「世界」と一致させるならば解決する[26]。

マタイの判断によれば、諸民族宣教は義人だけではなく、ἀνομία（を働く者ども）をも生み出してしまっているのである。この状況をマタイは終末的状況として切迫感をもって受け止めているのである。

以上、四つの箇所の釈義から明らかになることは、以下のとおりである。
1) ἀνομία は律法の完全な実践ということに関して瑕疵があることを指している。
2) ἀνομία はそれによって「愛が冷める」という終末的事態を招来する。
3) ἀνομία を行う者たちは、そのゆえに終末において裁かれる対象である。
4) その裁きは世界全体を範囲とする。
5) すでに世界全体で起こっている諸民族宣教という事態はマタイにとって終末の到来として切迫感をもって受け止められている。

すなわちマタイは諸民族宣教によって、諸教会の中で、律法の完全な遵守に瑕疵が生じている事態を ἀνομία と考えているのであって、それはマタイ共同体の内部だけではなく、諸民族宣教が及ぶ世界全体に生じつつある事態である。マタイが、ἀνομία を働く者どもの生じる事態を終末的な切迫感をもって受け止めている一方で、個々の事例や論敵を具体的な批判の対象としていないのはそのためである。つまり、マタイが ἀνομία 批判によって射程に収めているのは、一つの教会共同体ではなく、より広い世界の状況なのである。

---

26 ルツはそのような状況を想定しながらも、それはマタイ（およびその共同体）にとって未知の事態であると述べている。ルツ『マタイ（I/2)』、444 頁、「マタイの小さな少数派教会から宗教改革の混成的共同体に至るまでは、長い道のりである。（……）少数派教会の代わりに、その位置において世界とはもはやほとんど区別されない国民教会が登場したとするなら、その教会は——マタイの精神に則っても——実際に混成的共同体であるに違いない」。

6.3 マタイの危機感と「不法」(ἀνομία)

この ἀνομία 理解は、1.5（本書 37 頁）で論じた福音書の読者（執筆対象）に関する問題、すなわちマタイ福音書は個別の教会共同体ではなく、より広い状況に向けて執筆されたという我々の視点と合致する。諸民族宣教が世界の至る所で始まっており、それを受け入れざるを得ない状況にあって、マタイは「あなたがたに命じたすべてのことを守る」(28:20) ことこそが重要であって、そうしない者はすべて ἀνομία である、と主張しているのである。

6.3 マタイの危機感と「不法」(ἀνομία)

ἀνομία という批判を向ける対象として、マタイは 23 章においてファリサイ派・律法学者を挙げるが、他の三例においては明言しておらず、またいずれの箇所においても ἀνομία の具体的な内容が明示・例示されることはない。ἀνομία との批判が向けられている対象について、研究史上にはいくつかの判断が見られるが、いずれも ἀνομία（を働く者ども）は「マタイ教会共同体」の内あるいは外にある存在であることを前提にしている。

しかし Bauckham らが述べるような、福音書の読者を教会共同体に限らないというテーゼを援用することにより、異なる判断が可能となる。ἀνομία が存在する領域が世界全体（13 章「畑」）であり、なおかつ教会共同体内（13 章「自分の国」、7 章、24 章）であるかのように描かれるのは、マタイが「世界」全体に向けて福音書を執筆しているからなのである。

加えて、ἀνομία がマタイ福音書における用例では終末論的な裁きに関連して使用されている用語であるということは、この語が福音書記者マタイの終末意識に深く関連していることをうかがわせる。すなわち、諸民族宣教が行われている現在の状況は、終末の到来を示しているのだというマタイの意識が、ἀνομία の者どもに対する終末論的な裁きの描写に反映されているのだと考えられる。諸民族宣教により、律法の遵守にゆるみや瑕疵が生じている事態を前にして、マタイはそのことが天の国に入るにあたって失格者となることだと判断しており、辛辣な警告を発している。諸民族宣教がすでに生じている状況を福音書記者マタイは追認せざるを得ないが、その状況に対し、終末的危機感をもって、律法重視の諸民族宣教への方向修正を試みようとし

第6章　マタイの切迫した危機感について —— ἀνομία 理解に寄せて

ているのである。

第 7 章　マタイの執筆意図について

　さて、第 2 章で確認したように、マタイ福音書とマルコ福音書との神学的一致という仮構をはずして考察したときに、その両者の主張の隔たりは小さなものではない。福音書記者マタイが、マルコの記事や物語としての枠組みを踏襲しつつ、語録資料の導入と独自の編集により、律法理解や、異邦人やファリサイ派への姿勢といった、きわめて重要な神学的思想に関わる記事の意味内容を大幅に修正するよう改稿した意図、すなわち福音書記者マタイの執筆意図はどこにあるのか。

　ここで再度、マタイ福音書が執筆された時代背景を確認してみたい。紀元66 年に勃発したユダヤ民衆によるローマに対する反乱である、いわゆる「ユダヤ戦争」の後、とくに 70 年にエルサレムの陥落そして破壊とともに神殿が失われ、ユダヤ人たちにとって「これまでの宗教生活の全体系が瓦解」[1] して後、ユダヤ人社会では民族的アイデンティティの確立をめぐって、様々な社会的集団がそれぞれに正統性を主張するという状況にあった[2]。

　第 2 章において確認した、マルコ福音書改変に関するマタイ福音書の編集上の特徴が、律法理解や異邦人への姿勢という、ユダヤ人としてのアイデンティティに深く関わるものであったことは、この背景状況から説明可能である。また、マタイ編集のもう一つの特徴であるファリサイ派批判の激化につ

1　佐藤研『聖書時代史 新約篇』、岩波書店、2003 年、107 頁。
2　1.4（本書 32 頁）参照。

第7章 マタイの執筆意図について

いては、同様にユダヤ戦争後の混乱における、論敵との正統性をめぐる争いという状況に整合する。

そして、ユダヤ戦争後の混乱の中、一方ではファリサイ派がユダヤ教のアイデンティティ復興運動において徐々に影響力を固め、他方では律法遵守を放棄した諸民族宣教は「キリスト教」という新しいアイデンティティを生み出しつつあるという状況の中、諸民族宣教を律法遵守の宣教へと方向修正することが、福音書記者マタイにとっての危急の課題であったことは、第3章において確認した、律法の個々の遵守を含むイエスの教え全体、すなわち、イエスの解釈に基づく律法の逐条的実践を求める福音書記者マタイの律法理解と、第4章から第5章において確認した、義の実践（律法全体の遵守）というふさわしい実を結ぶ「新しい民」への再編を目指すマタイの宣教論から明らかになった。

Donald Senior[3]は、福音書記者マタイの目標は、諸民族宣教が進展しキリスト教共同体の異邦人化（異邦人構成員が増え、それとともに律法遵守に瑕疵が生じる事態）が進む中で、イエスの物語をユダヤ教の伝統につなぎとめることによって、すべてのキリスト者をユダヤ教に密接につなぎとめることであった、と述べている。「マタイは、〔諸民族〕宣教が成功することによって、イエスとその教えのルーツがユダヤ教にあることが忘れ去られてしまうのではないかという危惧のもと、異邦人への宣教についてある葛藤を抱いていたのではないか」というSeniorの指摘は、本研究が見出した、マタイ福音書執筆の背景状況と整合する。Seniorは、マタイがそれでも「ユダヤ教と初期キリスト教共同体の両方から神学的視点を引き出す中道派たらんとした」[4]とも指摘しているが、本研究を通して見出したマタイの危機感は、状況がより厳しかったことを指し示している。

マタイより後、初期キリスト教はユダヤ化と異邦人化という二つの方向へ、異なる道を進むこととなる。律法に完全に忠実であろうとしたもの、律法に部分的に忠実であろうとしたもの、律法遵守を重視しなかったもの、これら

3　D. Senior, "Directions in Matthean Studies", in D. E. Aune (ed.), *The Gospel of Matthew in Current Study*, Grand Rapids, MI: Eerdmans, 2001, pp. 5-21.

4　Ibid., p17.

三つの選択肢のうち[5]、現存するものは最後のものであり、ユダヤ教の伝統に留まった運動はこの後、途絶えてしまうことになる。すなわち、その正統意識とは裏腹に、70年以後のユダヤ教世界において、マタイ福音書記者とその共同体は「少数派」であり「敗北者」[6]の地位へと押しやられていったのである。この状況下における危機感こそ、我々が第6章においてマタイ福音書における「不法」（ἀνομία）という語の背景に見出した危機感の正体である。

　そして、自らの正統意識とは反対に周縁化されていく福音書記者マタイの危機感は、マルコ福音書を「改訂」し、自らの福音書を編み上げようとした動機を形成していることが推察される。

　Svartvik[7]は、さらに踏み込んで、マタイの執筆意図が、マルコ福音書を自らの共同体の構成や、その置かれた状況に合わせて修正することにとどまるのではなく[8]、むしろマルコを上書きすることにあると論じている。マタイにとってマルコは、明らかに「的外れ」であった。それゆえ、マタイはマルコを単に「改訂」[9]しようとしたのではなく、換骨奪胎することにより、駆逐し、消し去ろうとしたとさえ考えられるというのである[10]。

　福音書記者マタイの意図は、マルコ福音書の存在に脅威を抱き、それを乗り越える、より完全な福音書を執筆することにあったという、この見解について、次項以降において、詳しく考察を行う。

5　Luz, *Matthew 1-7*, p. 51.
6　中野、前掲書、135頁。
7　Svartvik, op. cit., pp. 27-49.
8　Luz, *Matthew 1-7*, pp. 41-43 に反して。Luzも認めているように、また本章でも詳述するように、律法に対する姿勢はマルコとマタイの間に明白に存在する差異である。
9　J. Andrew Doole はマタイがマルコを代替する意図をもって福音書を執筆したと述べつつ、しかしそれは、マルコに対する敬意と忠実をもって、すでに人々の間によく知られていたイエスの言行を加えることによって補完し、マルコの正当化および改善としてなされたことであると結論している（J. A. Doole, *What was Mark for Matthew?: An Examination of Matthew's Relationship and Attitude to his Primary Source*, Tübingen: Mohr Siebeck, 2013）。しかしこの説は、律法への姿勢や、異邦人宣教に対する姿勢という重要な点についてマタイがマルコを決定的に改稿していることと整合しない。
10　Svartvik, op. cit., p. 37.

第 7 章　マタイの執筆意図について

7.1　マタイ、マルコ、そしてパウロの福音（εὐαγγέλιον）

　マタイとマルコの神学的思想の相違を論ずるにあたって、ここでは「福音」（εὐαγγέλιον）の用語法に着目してみたい。

　マルコは同語をまさに自らの著作の冒頭（マルコ 1:1）に掲げ、以下、1:14, 15; 8:35; 10:29; 13:10; 14:9; 16:15 まで計 8 回用いている。他方、マタイは同語の使用を 4 回（マタイ 4:23; 9:35; 24:14; 26:13）に減じており、そのうちマルコからの導入は後半の 2 個所にとどまる。マタイはマルコから導入した 2 個所に新たに 2 個所を加え、このうち最初の 3 箇所に「王国の福音」（τό εὐαγγέλιον τῆς βασιλείας）という修飾語を加えている。これら特徴的な編集は、マタイの一貫した「福音」理解を示していると考えられる（本書 151 頁、表参照）。

　より詳しくテクストを観察すると、マタイ 4:23 において、マルコ 1:39 の、イエスが「彼らの会堂とガリラヤの全地へと行って宣教し」（ἦλθεν κηρύσσων εἰς τὰς συναγωγὰς αὐτῶν εἰς ὅλην τὴν Γαλιλαίαν）たという報告に「王国の福音を」（τὸ εὐαγγέλιον τῆς βασιλείας）という目的語を付し、また「教え」（διδάσκων）という分詞を並置したのはマタイによる編集である。さらにマルコが「悪霊を追い出し」（τὰ δαιμόνια ἐκβάλλων）と報告するところを「民の中のあらゆる疾病とあらゆる病弱を癒し」（θεραπεύων πᾶσαν νόσον καὶ πᾶσαν μαλακίαν ἐν τῷ λαῷ）と変更したのもマタイによる編集である。

　また、マルコ 6:6b の「教えつつ村々を巡った」をマタイ 9:35 は「彼らの会堂で教え、王国の福音を宣教し、すべての疾病と病弱を癒しつつ、すべての町々と村々を巡った」と拡張している。これは、4:23 との対応関係を作り出すマタイの編集と考えられる[11]。

　この対応関係にある 2 回の用例は、いわゆる山上の説教（5-7 章）とその後のイエスの治癒奇跡（8-9 章）を中心とした活動を囲むように配置されている。

11　ルツ『マタイ（I/2）』、93 頁; Davies and Allison, *Matthew 8-18*, p. 146.

7.1 マタイ、マルコ、そしてパウロの福音（εὐαγγέλιον）

　Eric Kun Chun Wong（黄根春）[12] は、これらの用例が「教える」（διδάσκω）、「宣教する」（κηρύσσω）、「癒す」（θεραπεύω）というイエスの教えと働きを指す言葉を伴っていることから、マタイの意図する εὐαγγέλιον は宣べ伝えられる対象としてのイエス自身のことではなく、むしろイエスの教えと働きを指すことが明らかであると指摘する。すなわちイエスは「福音」を述べ伝える主体（Subjekt）である、ということがマタイ福音書における「福音」の用語法において重要な点である、というのである。

　Luz もまた、マタイにおける「王国の福音」（τό εὐαγγέλιον τῆς βασιλείας）の用例の分析から、「マタイにとって神学的に重要なことは、教会のすべての告知（εὐαγγέλιον）が地上のイエスに方向付けられていることであり、この地上のイエスの言葉と行為の他には内容を持たないということである。（……）地上のイエスの告知とわざとは、キリスト教的告知の唯一の基準または内容となる」とする[13]。

　Davies and Allison は「この福音」（マタイ 26:13）とはイエスの宣教（4:23; 9:35）やマタイ福音書そのもののことではなく、メシアについての良い知らせ（イエスの生涯と受難についての物語を含む）のことであると論ずるが[14]、マタイ 4:23 と 9:35 の対応関係はやはり、これらに挟まれる 5-9 章が「王国の福音」であることを暗示しており、それゆえ（24:14「王国のこの福音」

12　E. K. C. Wong, *Evangelien im Dialog mit Paulus* (NTOA 89), Göttingen: Vandenhoeck & Ruprecht, 2012, pp. 109-112.

13　Luz, *Matthew 1-7*, p. 169. ただし Luz はまた、26:13 の「この福音」（τό εὐαγγέλιον τοῦτο）については、これまで3回の「王国の福音」が意味したイエス自身の宣教告知には「関係し得ず、イエスについての報告を考えねばならない」とするが（ルツ『マタイ（I/4）』、87-88 頁）、しかし、マタイ福音書中最後の εὐαγγέλιον の用例である 26:13 のみが、イエスを客体として指示する用法に推移しているとは考えにくいため、内容としては他の用例と同様のことを指していると考えるべきである。France, op. cit., p. 150 は、24:14 および 26:13 での「福音」がイエスについての教会の宣教を意味すると述べ、マタイの4回の「福音」の用法には、イエスの宣教と教会の宣教の連続性を読者に示すことが意図されているという。しかし、「王国の」と規定される 24:14 の「福音」がイエス自身を指すというのはやはり不自然であり、イエスの告知内容と考えることがふさわしい（Nolland, op. cit., p. 183 参照）。

14　Davies and Allison, *Matthew 19-28*, p. 448.

の橋渡しを経て）26:13「この福音」は、イエスの行いと人格において完全に実現されている啓示的な言葉と掟によって、神の活動（すなわち王国）が告げ知らされていることそのものが、マタイにとっての「福音」であることを示していると論じている。すなわち、相互に不可分に結びついているイエスの人格、宣教、教え、行いが宣教の対象であるというのである[15]。

Nolland[16] もまた、26:13 はイエスの生涯における出来事が福音宣教と密接な関連を有することを表していると述べるが、28:18-20 が明らかにするのは、イエスの教えについての報告が福音宣教において重要な役割を果たすことであり、マタイはイエス自身の宣教した「福音」を福音宣教の土台として提示していることは疑いがない、と結論づける。

イエス自身についての物語はマタイの「福音」の中心的構成要素である。マタイ福音書においては、イエスの教えの内容に加え、癒しなどの力あるわざをも含む宣教活動全体が福音として提示されているのである。

さて、それではマルコ福音書における「福音」の用例はどのような特徴をもっているであろうか。マルコ福音書においては、1:1「イエス・キリストの福音」と 1:14「神の福音」、を除く6回の用例はすべて修飾語を伴わない絶対用法であるが、いずれもマタイ福音書には見られない用語法である（このうちマタイ 4:12（マルコ 1:14）、4:17（マルコ 1:15）、16:25（マルコ 8:35）、19:29（マルコ 10:29）の4例の並行箇所において εὐαγγέλιον を削除している）[17]。

---

15 Ibid., pp. 414-415.
16 Nolland, op. cit., p. 1055.
17 ここではマルコ 16:15 を検討から除く。マルコ 16:9-20 には復活したイエスの姿が描かれ、とくに 14-18 節にはマタイ 28:16-20 の結びを思わせる、イエスによる世界宣教への派遣が語られるが、これらの箇所は後代の加筆と考えられる。写本証拠は量的には圧倒的に 9-20 節を含むものが多い一方で、最も古いシナイ写本とバチカン写本にはこれらの節が欠けている。Bruce Metzger はさらに、9-20 節の用語や表現がマルコ的でないことや、文脈としてのつながりの弱さ、またアレクサンドリアのクレメンスやオリゲネスといった 2-3 世紀のギリシャ教父の著作にこれらの説への言及が見られないことなどを理由として、元来のテクストは 8 節までであったと論じている（B. Metzger, *A Textual Commentary on the Greek New Testament Second Edition*, pp. 102-105）。この件については他に、田川『新約聖書 訳と註』、492-496 頁、が詳しく論じている。

7.1　マタイ、マルコ、そしてパウロの福音（εὐαγγέλιον）

マルコ		マタイ	
1:1	（神の子）イエス・キリストの福音の原初	1:1	削除？
1:14	イエスは…神の福音を宣べ伝え、	4:12	削除
1:15*	福音に信頼せよ	4:17	削除
1:39	―	4:23	王国の福音
6:6b	―	9:35	王国の福音
8:35*	私のため、また福音のため	16:25	削除
10:29*	私のため、また福音のため	19:29	削除
13:10*	福音はまずすべての民へと宣べ伝えられるべきである	24:14	王国のこの福音
14:9*	福音が宣べ伝えられるいずこでも	26:13	この福音
(16:15*)	（すべての被造物に福音を宣べ伝えよ）	―	

＊印は絶対用法。

表　マタイおよびマルコにおける「福音」の用語法比較

　この特徴は、パウロ書簡における「福音」（εὐαγγέλιον）の用語法に一致する。パウロ書簡では 48 回の用例のうち絶対用法が 25 回と過半数を占め、「キリストの福音」（8 回）および「神の福音」（6 回）がそれに続く。このことについて、大石健一[18]は、「パウロ書簡での傾向はマルコのそれと概ね一致」し、「パウロと関連のある系統、すなわち、第二パウロ書簡や、パウロ書簡が権威を持つようになった以降の（使徒教父）文書」にも認められる傾向であると分析している。そして、マルコ福音書における εὐαγγέλιον の用例が福音書記者マルコによる編集または付加に帰されるという観察をもとに、さらに七十人訳、外典偽典、フィロン、ヨセフスなどの用例から「パウロ書簡に見られるような εὐαγγέλιον の集中的な使用は、パウロ書簡以前の文書に観察されない」と結論づけ、そして「マルコは、εὐαγγέλιον と、絶対用法での同語の使用を、パウロやパウロ書簡から直接得たという判断が導かれる」と論じている。

　このことについて、Wong[19]は、Ⅰコリント 15:1-4 におけるパウロの言説から、パウロの神学においてはイエス・キリストは「福音」（εὐαγγέλιον）として宣べ伝えられる対象（Objekt）であり、一方で（すでに Wong の説より

18　大石健一「マルコにおける『福音』（εὐαγγέλιον）の起源とその用法」、『新約学研究』（日本新約学会）44 号、2016 年、19 頁。

19　Wong, op. cit., pp. 109-113.

確認したとおり)、マタイ福音書における同語の用語法では、イエスは「福音」を述べ伝える主体（Subjekt）であり、福音の内容とはイエス自身の教えと働きが意味されていると述べる。

マルコ福音書は、宣べ伝えられる客体としてのイエスの物語を描いており、その意味でイエスこそ福音そのものである（マルコ 1:1; 8:35; 10:29）。一方、マタイは「福音」を宣べ伝える主体としてのイエスに重心を移すのである[20]。

7.2　福音書記者マタイの論敵パウロ

Wong はさらに、マタイ 24:14 の用例に着目し、「王国の福音」にさらに「この」（τοῦτο）が付されていることはマタイが「他の」福音ではなく「この」福音こそ真の福音であることを強調していると述べる。そしてこれは、パウロが律法に忠実なキリスト者である論敵の主張をガラテヤ 1:6 において「他の福音」（ἕτερον εὐαγγέλιον）と呼んでいることを想起させるという。パウロの「他の福音」という表現が暗示する、様々な内容の福音宣教が行われていた状況において、マタイは 4:23 と 9:35 に囲まれて示された「王国の福音」こそが真の福音であることを強調しているというのである[21]。

確かに「この福音」（τό εὐαγγέλιον τοῦτο）という表現が用いられるのは、新約聖書および七十人訳を通じて、マタイ 24:14 と 26:13 のみであり、特異な用法であるといえる。なかでも 24:14 では、マタイはマルコ 13:10 の絶対用法での「福音」を「王国のこの福音」へと改変するとともに、当該節において、諸民族宣教が行われている現状は終末が近いという切迫した認識を示していること（「それから終わりが来るであろう」καὶ τότε ἥξει τὸ τέλος）、加えてマタイ 13:41-42（6.2.4, 本書 140 頁参照））からも、「この福音」（τό εὐαγγέλιον τοῦτο）という表現にマタイによる特別の強調を見ることができよう。

---

[20]　「マルコにとってはイエスの存在自体、イエスの活動のすべてが『福音』である。しかしマタイは、イエスは『神の国』という『良い知らせ』を伝えた伝え手、ということにしてしまった」（田川『新約聖書 訳と註』、132 頁）。

[21]　Wong, op. cit., p. 112.

7.2 福音書記者マタイの論敵パウロ

「この福音」の強調は、果たして Wong の指摘のように実際に使徒パウロへの批判を含んでいるのだろうか。福音書記者マタイは、異邦人伝道（諸民族宣教）の代表者であるパウロをどのように捉えていたのか。

David C. Sim は、マタイ福音書の中に反パウロ的主張が見出されるという立場を代表する研究者である。Sim[22] はまさに、マタイ 7:21-23 における不法（ἀνομία）の者たちに対する終末の裁きの宣告は、パウロに向けたものであると主張している。すなわち、7:21-23 は、イエスを信じ、復活した主であると告白すれば救われるとするローマ 10:9-10 や、イエスを主であると告白できることは神の霊に導かれている証拠であるとの I コリント 12:3 を念頭に置いて、それらの主張を掲げ、律法からの自由を唱導するキリスト者を批判しているのであると Sim は述べる。そして、マタイ 5:17-19 における律法の永続性およびすべての有効性に関する主張は、律法が一時的な手段にすぎない（ガラテヤ 3:23-25）、あるいはキリストが律法を終わらせた（ローマ 10:4）といったパウロの主張に対する反論であるという。さらに、マタイ 13:36-43 の畑にまぎれこんだ毒麦のたとえは、律法からの自由を唱導するキリスト者たちの主張は悪魔に由来しており、彼らはやがて永遠の火に投げ込まれるのだということを主張しているのであるという。

さらには、マルコに比べてマタイがイエスの弟子たちの評価を高めていること、とくに 16:13-19 の、イエスによるペトロへの権威授与や、28:16-20 の諸民族宣教への派遣は、パウロが自らを使徒と任じていること（ローマ 15:16; ガラテヤ 1:15-16）の根拠を切り崩そうとしているのであるという。

Sim が挙げた上記の箇所は、いずれもマタイの編集が著しい箇所であり、それだけに福音書記者マタイの主張をいっそう反映している箇所であると見ることが可能である。すなわちマタイはこれらの箇所によって意図的にパウロの主張に反論していると Sim は論じている。

これに比して Luz は、「マタイの律法への忠実さをそのとおりに受け取るならば、パウロへの距離は本当に大きいのである」としながらも、マタイと

22　D. C. Sim, "The Reception of Paul and Mark in the Gospel of Matthew", in O. Wischmeyer, D. C. Sim and I. J. Elmer (eds.), *Paul and Mark: Comparative Essays. Part I: Two Authors at the Beginnings of Christianity*, Berlin: De Gruyter, 2014, pp. 589-615.

パウロとを神学的に対極に位置づけようとする誘惑を退けなければならないと論じている。両者の主張が大きく異なるのは、その背景となる文脈の違いに由来するのであって、両者の間には、神学的一致もまた多く見出しうるというのである。そして Luz は「マタイとパウロとは、実りある緊張のうちにある。彼らは対極をなしてはいない。(……) 彼らが自分の長所によって相手の弱点を明らかにすることによって、互いに補い合うことが出来るのである」と結論づけている[23]。

さらには、パウロとマタイの間に神学的整合性があると見ない立場からも、Joel Willits, Paul Foster, Jürgen Zangenberg, Kelly R. Iverson らが Sim に対し異論を唱えている。

Willits[24] は、パウロがその手紙の宛て先として、ユダヤ的社会背景の中にある、ユダヤ人と異邦人混合の共同体に向けて、とくにその異邦人メンバーを想定しているのに対し、マタイは福音書の読者として、ユダヤ人共同体のユダヤ人メンバーを主に想定していると論じている。さらにはパウロが同時代の教会に直接向けた文章を著しているのに対し、マタイはイエスの歴史の回顧という文章表現上の制約があり、自ずと用いる修辞的技法は異なるはずであり、それゆえ両者を比較することは適切ではないと Willits は主張する。

Foster[25] は、マタイはイエスを神のメシアと表すための物語を書いたのであって、パウロを参照してもいないし、関心も持っていないとし、また、資料的証拠が限られている以上、マタイがパウロを知っていたことについても確言できないと論じている[26]。また、ガラテヤ書に言及されるパウロの論敵とマタイの主張の近親性についての議論に関し、ガラテヤ書から（Foster の

23　U. ルツ著、原口尚彰訳『マタイの神学──イエス物語としてのマタイ福音書』、教文館、1996 年、206-216 頁。

24　J. Willits, "Paul and Matthew: A Descriptive Approach from a Post-New Perspective Interpretative Framework", in M. F. Bird and J. Willits (eds.), *Paul and the Gospels: Christologies, Conflicts and Convergences* (LNTS 411), London: T&T Clark, 2011, pp. 62-85.

25　P. Foster, "Paul and Matthew: Two Strands of the Early Jesus Movement with Little Sign of Connection", in *Paul and the Gospels*, pp. 86-114.

26　Ibid., p. 87.

7.2 福音書記者マタイの論敵パウロ

見立てでは）40-50 年後の、まったく異なる地域に同様の集団が存在していたことは疑わしいと述べる[27]。

Zangenberg[28] は、パウロとヤコブ書の関係について論じる中で、Sim が反パウロ的として挙げるマタイ福音書の箇所で批判されているのは、パウロ自身の主張とは限らないと論じている。マタイやヤコブ書に共通する主要な特色がパウロと著しく異なるのは、単にこれらの文書が非パウロ的環境に根ざすことを示しているに過ぎないというのである。これらの文書に反パウロを明瞭に示す箇所がない以上、パウロ伝承がこれらの著者のもとに伝わっていたことについては疑問視せざるを得ないと Zangenberg は主張する。

Iverson[29] は、Sim が議論の根拠としたマタイ 16:17-18 とガラテヤ 1:12, 16-17 の間には、間テクスト性の判定基準から、テクスト依存関係を見出すことはできないと述べる。

Sim はこれらに反論し、パウロ書簡をマタイが知っていた可能性は高いと論ずる。まず、パウロが宣教旅行で様々な町を精力的に回って複数の教会の創立に関わっていたことから、その存在と主張は広く知られていたはずであり、またパウロはまさに異邦人キリスト者と律法遵守の問題を扱う教会代表者の協議（いわゆる「使徒会議」[30]）に関わっていたため、パウロの名は協議の帰結である「使徒教令」とともに広く知られていたはずであることから、マタイがパウロについて知っており、その影響力を認識していたはずであるという。

また、1 世紀末から 2 世紀初頭に書かれたと考えられるアンティオキアの教父イグナティウスの手紙[31]にパウロの複数の書簡への言及があることから

---

27 P. Foster, *Community, Law and Mission in Matthew's Gospel*, Tübingen: Mohr Siebeck, 2004, p. 245.

28 J. Zangenberg, "Matthew and James", in *Matthew and His Christian Contemporaries*, p. 120.

29 K. R. Iverson, "An Enemy of the Gospel?: Anti-Paulinisms and Intertextuality in the Gospel of Matthew", in C. W. Skinner and K. R. Iverson (eds.), *Unity and Diversity in the Gospels and Paul: Essays in Honor of Frank J. Matera*, Atlanta, GA: Society of Biblical Literature, 2012, pp. 7-32.

30 ガラテヤ 2:1-10 および使徒 15:1-39 参照。

31 エフェソ 12:2「彼〔パウロ〕はすべての書簡の中でキリスト・イエスにあってあなた

は、マタイ福音書が執筆された1世紀後半には、パウロ書簡は諸教会の間で広く知られていたことが確認されるという[32]。

また、ルカ福音書の続編である使徒言行録の後半はパウロによる宣教旅行の報告によって占められているが、このことは使徒言行録執筆当時（1世紀後半）すでにパウロの重要性や影響力が認識されていたことを明らかに示していると考えられるとSimは述べる[33]。

前項において触れたように、Wongもまた、マタイ福音書に反パウロ的主張を見出している。前述のとおりWongは、マタイの「福音」（εὐαγγέλιον）の用語法は明らかにパウロやマルコのものとは異なるばかりか、むしろそれに反対しているとし[34]、さらには、「毒麦のたとえ」（マタイ 13:24-30, 36-43）における毒麦をまく敵とはパウロのことを指していると論ずる[35]。そして、マタイ 5:17-20 における律法の有効性の主張は、とくにパウロの自由主義に向けられたものであると結論づける[36]。

さて、Simに対する反論のうち、Willitsの主張に関しては、マタイが自らの属する共同体を主な宛て先として福音書を執筆したと前提する場合には妥当なものとなる。しかし、すでに我々は、マタイ福音書が共同体を起点あるいは足場としながらも、より広い状況そして読者に向けて福音書を執筆した可能性について論じた[37]。また、Wongは上述のようにεὐαγγέλιονの用語法に

がたのことを覚えている」

32 Sim, "The Reception of Paul and Mark in the Gospel of Matthew", p. 600 はさらに、いくつものパウロの名による書簡が1世紀末に向けて書かれていったことをも根拠に挙げるが、それら「第二パウロ書簡」（あるいは偽名書簡）の成立年代については議論がある。

33 Ibid.

34 Wong, op. cit., pp. 109-112.

35 Ibid., pp. 116-119. ここでのWongの論拠は、パウロ自身がⅡコリント 11:13-15 において論敵を「サタンに仕える者たち」と呼んでいることなどにあるが、マタイ自身が 13:39 で直接に用いている διάβολος という語の用例（他に 4:1-11; 25:41）や、13:36-43 の文脈で διάβολος が人の子（イエス自身）と対比されていることと、パウロ自身が διάβολος であることは整合しない。

36 Ibid., pp. 123-129.

37 1.5（本書37頁）参照。

7.2 福音書記者マタイの論敵パウロ

おいてパウロとマタイの間に対立が見られることを指摘している。また、我々はすでに 3.3（本書 85 頁）において、マタイが「義」（δικαιοσύνη）という用語あるいは概念を、律法を πληρόω（完成する、成就する、満たす）することであると捉えていることを確認したが、これは明らかにパウロの「義」（δικαιοσύνη）理解とは異なる[38]。パウロが主張する義は、律法またその行いによらないことがその神学的特徴だからである（ローマ 3:21; 4:13; 9:31-32; 10:4; ガラテヤ 2:21; 3:21-22; フィリピ 3:9）。それゆえ、Willits の指摘はマタイ福音書に反パウロ的傾向を認めることに対する積極的な反証とはならない。

また、Sim が言うように、マタイ福音書執筆の当時、使徒パウロの影響力が広く認識されていたことは、疑いようのないことである。このことから、Foster が主張するように、福音書記者マタイがパウロをまったく知らなかった、あるいは無視しているというのは不自然である。

イエスの物語であるマタイ福音書の中には、当然ながらパウロへの直接的な言及はない。それゆえ、Zangenberg が述べるように、マタイの主張の論敵として「パウロ」個人あるいは「パウロ主義者」を直接に特定することはできない。しかし、福音書記者マタイの姿勢である律法遵守の重視がパウロと相容れない以上、パウロの主張に対する批判、あるいは批判的な傾向に基づく主張をマタイ福音書の中に見出しうるという指摘は、妥当なものと考えられる[39]。

38　Mohrlang, *Matthew and Paul*, pp. 42-45 は、マタイとパウロの両者はそれぞれに律法を重視しているが、マタイは律法の性質や機能をパウロよりも楽観的に捉えているのに対し、パウロは律法の要求に応えることは（人の力では）不可能であると論じ、神の恵みや、キリストにおける信を律法に対置し、救いをもたらすものとしているという相違があると論じている。そしてそのことを端的に示すキーワードが δικαιοσύνη であると指摘している。

39　5.3（本書 129 頁）において参照した Park は、マタイ福音書がパウロの主張と対立する「契約遵法主義」の延長線上にあることを論証するなかで、パウロ神学における、イエス・キリストへの信仰とその告白こそが救済の必要十分条件であるという救済論が、パウロ以後の（マタイの）時代までにキリスト教神学の主流派となったことは確かであり、マタイはそれを使徒パウロと関連づけて認識していたかどうかにかかわら

第7章 マタイの執筆意図について

　これまで本研究では、パウロ的な救済史的枠組みをマタイに適用することについて、主にテクストの内部的分析から批判を行ってきたが、本項において論証したようにマタイ福音書の中に、明らかにパウロの神学思想を批判する意図が見出されうるとするならば、これもまた、パウロ的な構想をマタイにあてはめることが適切ではないことの根拠と考えることができる。

7.3　パウロとマルコの近似性について

　さて、マタイ福音書の中にパウロ批判を見出しうるとするならば、マルコ福音書にもパウロの思想の影響や、それへの反応が含まれていると考えることは不自然ではないはずである。そして、実際にマルコ福音書にはいくつもの神学的に重要な点でパウロとの一致が見られる。

　しかし、こうした神学的一致はマルコがパウロによって影響を受けていることを示すのではなく、単にキリスト教における一般的な理解を共有しているに過ぎないという指摘は、Martin Werner[40]以来、長らく定説の位置を占めてきた。しかし近年、Joel Marcus[41]がWernerの理解に異議を唱え、やはりマルコ福音書は独自のパウロとの共通点を有していると論じるなど、マルコがパウロ神学の延長線上にあるという立場は、より広く受け入れられつつある。

7.3.1　十字架の重要性

　Marcusが注目するのは、パウロとマルコはイエスの十字架の死に強調点を置くことで一致しているという点である。パウロ神学の立脚点はイエス・キリストの十字架にある（Ⅰコリント 2:2; ガラテヤ 6:14 等参照）が、マルコ福音書における十字架の重要性は、Martin Kähler[42]が「福音書は長い序文を

　　ず、この主流派の救済論に向かって反論しているのだ、と述べている（Park, op. cit., pp. 683-684）。

40　M. Werner, *Der Einfluß paulinischer Theologie im Markusevangelium: eine Studie zur neutestamentlichen Theologie* (BZNW 1), Berlin: De Gruyter, 1923.

41　J. Marcus, "Mark-Interpreter of Paul", *New Testament Studies* 46, 2000, pp. 473-487.

42　M. Kähler, C. E. Braaten (trans.), *The So-Called Historical Jesus and the Historic Biblical*

7.3　パウロとマルコの近似性について

伴った受難物語である」と評したことに表される。もちろん、マルコ以外の福音書においてもイエスの受難物語は重要な終末論的転換点として描かれるのであるが、他の福音書がイエスの復活をより重視し、受難の意義を相対的に弱めているのと異なり、マルコにとってはイエスの十字架の死こそ、人間が初めてイエスを「神の子」であると認識する終末論的啓示であり、福音書全体の頂点なのである[43]。

さらに、Marcus はパウロとマルコの決定的な相違であるイエスの歴史への関心の有無についても、マルコがパウロの主張を、イエス伝承の権威と結びつけることによって擁護しようとしたと考えることができるという[44]。

実際、マルコがイエスの歴史に寄せる関心は、他の福音書と明らかに異なっている。Svartvik は、マルコはしばしばイエスが教えたという出来事を報告するが、その内容について記す箇所は少ないことから、マルコはイエスの十字架における犠牲の死を中心主題に置く一方で、イエスの教えそのものへの関心を驚くほど欠いていると論ずる[45]。

7.3.2　十二弟子の評価

パウロとマルコの関連において、続いて論じられるべきは、マルコ福音書中の十二弟子に対する辛辣な評価である。

マルコ福音書の中には、イエスの教えを間近で受けながら、イエスを信じ得ない弟子たちの姿が繰り返し描かれる（4:35-41 のガリラヤ湖上で嵐に悩まされる弟子たち、8:14-21 のパン種のたとえを理解しない弟子たち、等）。そして、マルコ福音書はイエスを三度にわたって否認し、保身のため逃亡し

Christ, Philadelphia: Fortress, 1964 [original: *Der sogennante historische Jesus und der geschichtliche, biblische Christus*, 1896], p. 80, n. 11.

[43] Marcus は加えてイエスの十字架を表す用語法として、Ⅰコリント 1:23; 2:2 およびガラテヤ 3:1 とマルコ 16:6 に受動態完了分詞形の使用が共通していることを挙げるが（Marcus, op. cit., p. 480）、マタイ 28:5 がマルコ 16:6 の ἐσταυρωμένον を保存していることから、パウロとマルコの思想的共通点を示す根拠としては弱い。

[44] Marcus, op. cit., p. 477.

[45] Svartvik, op. cit., p. 31.

たペトロを筆頭に、すべての弟子が逃亡し、物語はイエスの復活を示す空の墓を見て取り乱し、恐れのあまり沈黙する女性たちの描写で途切れるように終わる（マルコ 16:1-8）[46]。

　Werner H. Kelber は、マルコ福音書は本質的にイエスと弟子たちの不調和と離反の物語であると述べる。そして、福音書記者マルコが弟子たちの無理解を描き、その復権をはかることなく閉じるのは、70 年の神殿崩壊に象徴される危機が、十二弟子やイエスの兄弟たちに象徴される権威の誤謬の結果であるとし、そのような権威によらずに読者たちが直接にイエスの歴史を経験し、連なる者となることを促しているのだと論じている[47]。

　Tom Dykstra[48] によれば、マルコの十二弟子に対する姿勢は、パウロ擁護に関係しているという。マルコは明らかに、そして暗に、様々な方法で弟子たちの指導者としての適性に疑問を投げかけている。これは、パウロが対立していたエルサレムの代表者たち（「私〔パウロ〕より前の使徒たち」ガラテヤ 1:17）を論難しているというのである[49]。

7.3.3　異邦人宣教の積極的推進

　第三に、パウロ書簡とマルコ福音書に共通する姿勢は、律法遵守を前提としない異邦人宣教の推進である。

　パウロは、キリスト者は神に召された時点の状態に留まるべきことを熱心に主張しており、割礼の問題についても、すでに受けた者は受けたままに、受けていない者は受けていないままに留まるべきと述べている（Ⅰコリント 7:17-24）。そして、自身について、エルサレムの指導者たちから「無割礼の者たちへの福音を信任された」のであり、「異邦人へと〔遣わされた〕」（ガラテヤ 2:7-8）と主張するのである。

　一方、マルコ福音書は、7:3-4 でのユダヤ人の習慣についての注釈から明

46　本章注 17（本書 150 頁）参照。
47　W. H. Kelber, *Mark's Story of Jesus,* Minneapolis: Fortress, 1979, Kindle edition, "Conclusion".
48　T. Dykstra, *Mark, Canonizer of Paul: A New Look at Intertextuality in Mark's Gospel*, Minnesota: OCABS, 2012, pp. 109-114.
49　Svartvik, op. cit., pp. 32-33.

らかであるように、異邦人読者を想定し、あるいは少なくとも視野に入れて執筆されている。そして、この注釈を含むペリコーペ（7:1-23）は、明らかに食物の清浄規程の撤廃を主張している。Svartvik はここに、パウロ的な律法遵守を前提としない異邦人宣教の帰結を見る[50]。

　ここまで、パウロ書簡とマルコ福音書の間の神学思想における近似性について、「十字架の重要性」、「十二弟子の評価」そして「異邦人宣教の積極的推進」という三つの観点から確認してきた。以上のことから Svartvik は、マルコが「イエス・キリストの福音のはじめ」（マルコ 1:1）を執筆したのは、パウロの宣教の物語的始点を執筆することによって、それに根拠を与えようとしたことであると述べている。すなわち「マルコの物語的福音はパウロの宣教的福音を展開している」というのである[51]。

7.3.4　パウロ＝マルコへのマタイの反論

　マタイ福音書は、これらパウロとマルコが一致する点についてはことごとく反対の立場をとっている。

　イエスの教えの描写に関して相対的に希薄であるマルコ資料に対し、マタイ福音書はQ資料を導入するなどの編集によって、イエスの教えを大幅に拡張している。マルコ福音書には、4章の種まきのたとえに始まる一連の教えと、13章の終末に関する教え以外にイエスの教えが語られている場面はないと Svartvik は指摘しているが[52]、実際には 8:31（受難予告）、10:1-12（離

50　Svartvik, op. cit., p. 33.

51　マルコとパウロの神学的親近性については、William R. Telford も論じている。両者には、エルサレム教会との緊張（マルコ 8:33; 9:2-13、ガラテヤ 2:6-14; Ⅱコリント 11:4-6)、異邦人伝道への包括的な関心（マルコ 13:10、ガラテヤ 1:15-16)、イエスの救済の死（マルコ 10:45、ローマ 3:23-25; 5:8-9, 18-19）とその救いの普遍性（マルコ 13:10; 14:9、ローマ 15:14-21）といった救済論的強調などの重要な共通点が見られることから、「両者の並行性は顕著」であると Telford は主張する（W. R. テルフォード著、嶺重淑・前川裕訳『マルコ福音書の神学』（叢書 新約聖書神学①）、新教出版社、2012年、184-190頁）。

52　Svartvik, op. cit., p. 31.

縁についての教え)、11:15-19 (「宮清め」)、12:35-37 (「ダビデの子」論争)、12:38 (律法学者への非難) などにも、イエスが教える場面や、それに続く問答に関連して、教えを述べる箇所がある。しかしこれらは、ごく短いものにとどまっている。さらに、1:21-28; 6:1-13, 34-44 では、イエスが教えたことのみが報告され、その内容についてはまったく触れられていない。一方で、マタイはイエスの教えを、5-7章の山上の説教ほか五つの部分 (マタイ 5:1-7:29; 10:1-11:1; 13:1-53; 18:1-19:1; 23:1-26:1) [53] にまとめ、教えの内容を伝えることを重視している。

　第二に、福音書記者マタイはマルコ資料の改変にあたって失敗や誤解をする弟子たちの姿を極端に理想化しているわけではないが、明らかに弟子批判を後退させ、「復権」をはかっている。マタイは「小信仰」(ὀλιγόπιστος) という語を用いつつ、弟子たちの無理解を叱責するイエスの言葉を緩和している[54]。また、マタイはマルコに倣ってイエスの受難に際してのペトロの逃亡および他の弟子たちの不在を描くが、27:57-58 (マルコ 15:42-43 に由来) で、ローマ総督ピラトからイエスの遺体を貰い受けるアリマタヤのヨセフをマタイは「弟子」と呼び、そして福音書の結末の 28:16-20 ではイエスによる弟子たちの招集と再派遣の場面を描く。さらに、16:13-20 でのイエスから教会の礎としての権威を授与されるペトロの姿は、マルコによるエルサレムの使徒たちに対する権威批判 (7.3.2, 本書 159 頁) に真っ向から対立する描写である。

53　中野、前掲書、30-31 頁。
54　マタイは、おそらく Q から導入した (マタイ 6:30 ＝ ルカ 12:28 並行) と思われるこの語を、8:26 ではマルコ 4:40「信仰を持っていないのか」(οὔπω ἔχετε πίστιν;) に代えて用い、14:31 ではマルコ 6:52 の弟子たちの無理解 (οὐ συνῆκαν) に代わるペトロへの叱責に用い、また、16:8-9 でマルコ 8:17-18 の、教えを「分からず、理解せず、心が頑迷になっており、目があっても見えず、耳があっても聞こえず、覚えていないのか」(οὔπω νοεῖτε οὐδὲ συνίετε; πεπωρωμένην ἔχετε τὴν καρδίαν ὑμῶν; ὀφθαλμοὺς ἔχοντες οὐ βλέπετε καὶ ὦτα ἔχοντες οὐκ ἀκούετε; καὶ οὐ μνημονεύετε) という厳しいイエスの叱責を、「分からず、覚えていないのか」(οὔπω νοεῖτε, οὐδὲ μνημονεύετε) へと緩和するにあたって、弟子たちへの呼びかけとして用いている。Konradt, *Das Evangelium nach Matthäus*, pp.142, 256 参照。

第三に、マタイの律法観と異邦人宣教への姿勢については、マタイによる編集の特徴から、マルコ資料を律法遵守の方向へ改変していること（2.1, 本書 45 頁参照）、異邦人（宣教）への姿勢も両義的であること（2.2, 本書 55 頁参照）が明らかであり、福音書記者マタイが律法遵守へと方向付けられた、諸民族を含む「イスラエル宣教」というマタイの構想（5.4, 本書 130 頁参照）を持っていることを我々はすでに考察した。

これまで本研究において確認してきたことを総合すると、マルコ福音書と、その思想的母体であるパウロの福音宣教にマタイは危機感を抱いていると考えられる。それゆえ福音書記者マタイは、マルコ福音書を改変し、律法遵守を指向する福音宣教という自身の構想に照らして、より完全な福音書を執筆することを望んだのである。

7.4 マタイ福音書の執筆意図

マルコ福音書は、マタイもまた信仰の始祖とあおぎ、その律法解釈の源であるイエスの言行を書き留めた画期的な情報媒体であった。紀元 70 年のエルサレム陥落、そして神殿崩壊に象徴される、神の民イスラエルであるはずの自らの没落に直面させられたユダヤ人たちは、諸派入り乱れて自らの拠り所を見出すことへと駆り立てられた。マルコ福音書もまた、このような状況下にあって、イエスをキリストと信ずる者たちへの使信として著された物語であった。福音書記者マタイもまた、この物語資料の持つ意義を十分に感得したことであろう。しかし、そこに記された律法軽視のイエス物語と異邦人の無条件の受け入れ（いずれもマタイからの視点による評価）は、マタイに危機意識をめばえさせることとなった。同時に、エルサレム壊滅後、ユダヤ人としてのアイデンティティ再興を試みる諸集団の諸プロセスの中でも、人心を集め、権威を高めつつあったファリサイ派もまた、マタイにとってはイエスの解釈を受け入れないという点で、正しい律法遵守のしかたを受け継いでいるとは思われない対抗勢力であった。マタイは自らこそがイスラエルの正しい伝統を受け継いでいるという自負をもち、世界にはびこる「不法」（ἀνομία）の両極（パウロ-マルコに明白な、諸民族宣教にともなう律法遵

守における瑕疵と、ファリサイ派に顕著な、真の解釈を欠いた律法遵守）に向かって危機感を募らせている。しかし、そのような自覚と危機感とは逆に、ユダヤ教世界の中でますます周縁化[55]されていく自らの正統性を弁証し、不法にまみれつつあるユダヤ教世界を教化・教導するために、マタイは福音書を執筆したと考えられる。

　すなわち、福音書記者マタイの自己理解とは、「キリスト教」という新しい宗教運動を担うことにあったのではなく、むしろ律法の逐条的遵守というイスラエルの伝統を担うことにあった。マタイにとっては、律法をその根本精神において正しく実践する道を教える唯一の権威（マタイ 28:18）こそイエス・キリストであり、自らは「すべての民」にイエスが教えた「すべて」を守るように教えるべく（28:20）、その委託を受けた弟子である。「アブラハムの子ダビデの子」(1:1) という歴史的に正統性を帯びた「ユダヤ人の王」(2:2) であり、真の律法解釈を教える権威をもつ教師（7:29）であるイエス・キリスト（1:1, 18）は、律法軽視の異邦人宣教を進める「キリスト教徒」や、律法の根本精神を損ねた律法遵守を推し進めるファリサイ派ではなく、「あなたがた」すなわちマタイの側にいる者たちとともにいるのである (28:20)。

---

[55]「マタイのイエス教会は、イスラエルの多数派の側から拒絶を、実際ひょっとして迫害をさえ経験した圧迫されたユダヤ人少数派であった。彼らは、70 年の大惨禍の後のイスラエルの統合強化という困難な情況において、イスラエルの周辺部へと追いやられた、ないしはイスラエルから追放された」（ルツ『マタイ (I/4)』、575 頁）。

結　論

　ここまで本研究では、「キリスト教」とは何か、あるいはキリスト教はいつからどのようにしてキリスト教になったのか、という学術的関心に基づき、その答えを探る手立てを「マタイ福音書」の成立事情、とくに福音書記者マタイの執筆動機と自己理解への接近に求めようとしてきた。

　その問いについて、本研究では、編集史的アプローチに則って、マタイ福音書の編集の特徴を分析することにより、そこに表された福音書記者マタイの宣教観や律法観について考察し、その執筆意図を求めることを通して、答えを明らかにしようと試みた。その際の出発点としたのは、これまでマタイ福音書の研究史の中で支持されてきた「救済史的転換モデル」の問い直しである。

　以下に、ここまでの議論を要約して提示したい。

　第1章では、我々の問題意識に関わる研究史上の様々な見解を整理することによって、求めるべき課題を見出すことを試み、従来の定説である救済史的転換モデルには、パウロ書簡やルカ文書に見出される神学的理解をマタイ福音書に当てはめているという問題があることを示した。定説における神学的前提によらず、70年のエルサレムおよび神殿の壊滅という危機的状況からマタイ福音書の成立を説明する有力な説である intra muros 説には、マタイ福音書における異邦人の両義的評価についての説明になお課題が残ることを確認した。

　第2章では、福音書記者マタイの編集の特徴として、その原資料であるマ

ルコ福音書との比較から、「律法遵守の強調」、「異邦人（宣教）への両義的姿勢」、そして「ファリサイ派批判」という 3 点が際立っていることを確認した。なかでも、福音書記者マタイの編集がファリサイ派に対する批判を先鋭化させた理由として、両者の対立が、紀元 70 年以降のユダヤ社会の再編過程における、諸集団の対立の中に位置づけられることを確認した。

第 3 章では、前章で見出した福音書記者マタイの編集の特徴のうち、「律法遵守の強調」に関係するマタイの律法観について、「すべて」（πᾶς）という語のマタイ福音書における用例の分析を糸口に考察を行った。この語はマタイ福音書において多用され、しかも編集句に用例が集中していることから、マタイ福音書にとっての重要語であると考えられる。また、一方でマルコに基づく記事からこの語を削除する場合も少なくないことから、福音書記者マタイは自身の編集意図に沿ってこの語を用いているということが明らかである。とくにマタイ福音書末尾の 28:16-20 にはこの語が集中的に用いられているが、中でも 20 節の「私があなたがたに命じたところのすべて（πᾶς）を守ることを彼らに教えよ」というイエスの命令の、「すべて」（πᾶς）には何が含まれるのか、ということについては研究史上議論の対象となってきた。この句は律法全体の遵守を求めてはいないという説や、マタイは割礼や祭儀規定から、それ以外のより重要な規定を区別し、重要な規定に限りすべてを守ることを求めているという説の一方で、この句になお律法全体の文字通りの遵守が意図されているという説も、主流ではないが一定の支持を集めている。そこで我々は、マタイ福音書における「すべて」（πᾶς）の用例全体の語義的分析に加え、28:16-20 と、5:17-19 とがマタイ福音書の全体構成の中で対応関係にあると考えられることから、5:17-19 に述べられた、終末に至るまでの律法の個別条項の完全な有効性に関する主張は、28:16-20 が求める「すべて」（πᾶς）の遵守に一致すると結論した。そして、その律法遵守とは同時に、「イエスが命じたところのすべて（πᾶς）」であるゆえに、イエスの解釈に基づく律法遵守でなければならない。また、その際に、28:19 が言及する「すべて」（πᾶς）の「民」（ἔθνος）がユダヤ人と異邦人（非ユダヤ人）の双方を含むことを指摘し、次章におけるマタイの宣教論の考察を準備した。

第 4 章では、マタイ 21:43 における、ἔθνος の語の無冠詞の単数形という

結論

特殊な用法に注目し、その語義を釈義的に検討することを通して、マタイ福音書全体が持つ宣教論的構想について考察することを試みた。我々は、須藤伊知郎および Wesley Olmstead による先行研究と批判的に対話することを通じ、またマタイ 21:43 を囲むように配置された三つのたとえ（21:28-32「二人の息子のたとえ」、21:33-44「ぶどう園で働く悪い小作人たちのたとえ」、22:1-14「婚宴のたとえ」）の分析から、21:43 が神の民イスラエルの再編、すなわち律法遵守という基準に基づく排除と包摂を意図しており、また、この再編は、福音書記者マタイにとって、同時代において進行中である終末論的事態として観察されていることを確認した。

第5章では、このテーゼに基づき、第1章で見出したマタイ福音書における救済史的転換モデルの問題点を批判的に検証し、その説の根拠の一つとして扱われてきた、マタイ福音書において一見矛盾するかのように存在する両義的な異邦人像が、実は前章で確認した神の国の再編という事態に符合することを論じた。定説においては、この矛盾する異邦人像は、マタイ当時のユダヤ人への宣教失敗によるマタイ共同体の異邦人宣教への方向転換や、逆に共同体内の異邦人宣教批判に対する弁証といった背景をもとに、イエス・キリストの復活を基点として、ユダヤ人から諸民族へという救済論的パラダイム転換が起こったことを表していると解されてきた。とくに、10:5-6 における異邦人宣教の禁止と宣教のイスラエル集中を命じるイエスの言葉と、対照的に「すべて」（πᾶς）の「民」（ἔθνος）への働きかけを促すイエスの言葉との矛盾は、まさに、復活を基点とした宣教方針の転換として理解されてきた。しかし、本章ではイエスの誕生記事（マタイ2章）さらにはそれ以前の「系図」（1章）から異邦人への宣教は意図されており、しかもそれは「予示」あるいはマタイの現状を投影した回顧ではなく、マタイ福音書の基本構想として示されていることを確認した。ただし、マタイが企図しているのは厳密には「異邦人宣教」ではなく、ユダヤ教内の改革運動であることをも確認した。マタイの同時代に行われている異邦人宣教の方向性は、律法遵守を求めないというかたちで異邦人に門戸を開くものであったが、マタイはこのことに批判的であり、危機感すら抱いている。それゆえ、マタイは異邦人に律法の完全な遵守によってイスラエルの中に加わることを求める。そしてこの求

めは異邦人のみならず、血統におけるイスラエルにも向けられるのである。このことは、第4章で論じた、律法遵守という義を基準とした神の国の再編というテーゼに整合する。

　第6章は、そのような状況下でのマタイの時代認識、世界認識を「不法」(ἀνομία) という語の用法を通して観察した。この語はマタイ福音書の中で特徴的な語として研究史上注目されてきたが、この語の指示対象については議論が分かれてきた。多くの支持を得てきたのは、マタイによる「不法」(ἀνομία) という断罪は、ファリサイ派と律法学者に象徴されるラビ的ユダヤ教と、教会共同体内に存在する反律法主義者という両極端の論敵を対象としている、という説である。前者については、マタイ 23:27-28 の用例から判断されるが、後者については、この語をめぐるマタイの編集が示す終末的切迫感にもかかわらず、この語が向けられる論敵がどのような存在であったのかについての具体的な描写がマタイ福音書に欠けていることについて疑問が残る。そこから我々は、マタイ福音書における「不法」(ἀνομία) の用例個々の釈義的研究に基づき、両極的論敵という解釈は、福音書記者マタイの属する教会共同体の枠を超えて、世界全体を視野に入れた時に、成り立つことを示した。律法遵守を求めない諸民族（すなわちユダヤ人と異邦人の両方）への宣教が生み出す事態も、一方で、ファリサイ派に象徴されるラビ的ユダヤ教が進める運動も、どちらもイエスの解釈に基づく完全な律法遵守という観点からは不適格者でしかないのである。このような事態が進行してしまっている現状は、人々の愛が冷めるという「終末の到来」を強く予感させる。このような状況がもたらす危機感に立って、福音書記者マタイは、本来あるべき、律法重視の諸民族宣教への方向修正を試みようとしているのである。

　しかしそのような福音書記者マタイの一種の正統意識とは逆に、その存在は周縁化されていく方向にあった。ユダヤ戦争の帰結としての 70 年のエルサレム陥落と神殿破壊のあと、ユダヤ民衆の復興運動は、片やファリサイ派の流れを汲む律法重視のラビ的ユダヤ教として形をなしつつあり、片やパウロ系統の諸教会のように律法の規定をゆるめて異邦人へと門戸を開くことにより、成功を収めつつあった。とくに後者の脅威は、パウロ的キリスト教宣

結 論

教、そしてその系譜に連なるマルコ福音書の普及によって影響力を広げつつあった。この状況に迫られて、福音書記者マタイは、マルコ福音書の改訂という事業に踏み出したのである。

最後の第7章では、マタイ福音書に反パウロ主義的要素を見出せる一方で、マルコ福音書に親パウロ主義的要素を見出せることから、両福音書の関係が親和的でも調和的でもなく、むしろ対立的であることを論じた。マタイ対パウロ＝マルコという関係は、三者の「福音」（εὐαγγέλιον）という語の用法の比較によって裏付けられる。マタイはマルコの「弟子あるいはむしろ継承者」[1]ではなく、むしろマルコが広く受け入れられる状況の改変を狙うライバルなのであり、真の教師であるイエス・キリストの解釈に基づいて、律法の完全なる遵守を唱導し実践する自らこそが、「真のイスラエル」であるという自己理解に福音書記者マタイは立っている。

しかし、マタイがそのためにマルコを換骨奪胎したプロセスは、皮肉なことにキリスト教史の中で、今度はマタイ福音書に対する解釈において繰り返されることになる。すなわちマタイ福音書の「キリスト教文書」化である。Luz は「最終的には、非キリスト教的イスラエルと普遍的教会との間に現れる独立的な周辺現象としての存在に導く独自の分離の道か、あるいは異邦人伝道に門戸を開き、そのことによって終局的には普遍的教会の中に統合されることに通じる方向へ原則的な一歩を踏み出す可能性か、その間のいずれを選ぶのかの決断に〔マタイは立たされている〕。マタイはこの第二の道の始めに立っている」[2]と述べているが、本研究が見出したことは、マタイはむしろ前者の道に立っており、しかし、マタイの福音書だけはその後の歴史の中で第二の道の中に取り込まれていったということである。

以上、本研究では、マタイ福音書の執筆動機が、研究史上定説とされてきたように救済史的な宣教の転換という構想に基づいているのではなく、むしろ救済史的構想に立って異邦人に門戸を開くことが律法の軽視を招いていると見て、その状況を批判的に乗り越えることにあったということを示した。

1　Luz, *Matthew 1-7*, p. 41.
2　ルツ『マタイ (I/1)』、85 頁（Luz, *Matthew 1-7*, p. 50）。

そして、その執筆動機が、福音書記者マタイの危機感に由来していることについても示した。マタイ自身は、イエス・キリストの解釈に基づく律法の完全なる遵守を唱導する自らこそが「真のイスラエル」であるとの自己理解に立っている。しかしそのような自己理解とは逆に、紀元1世紀後半以降に起こった、ユダヤ教のアイデンティティを再構築する諸集団の諸プロセスの中で、自らの立場が周縁化されていくという危機感にマタイは駆り立てられているのである。すなわち、マタイ福音書の執筆意図への接近から明らかになったことは、福音書記者マタイは（少なくとも福音書執筆時点の）自己理解において、いわゆる「ユダヤ教」の枠内（intra muros）に留まっていたということである。

しかし、同時に見出したことは、マタイ福音書執筆の背景にある紀元70年以後の状況は、そもそも、一つの「ユダヤ教」について語ることが困難な、諸宗派が並存する状況であり、いわゆる「キリスト教」もその一つと見なしうる時代であったということである。それゆえ、「ユダヤ教」や「キリスト教」という呼び名を福音書記者マタイにあてはめること自体、アナクロニズムであり、同様に、ファリサイ派を「ユダヤ教」と呼ぶことや、パウロ書簡、マルコ福音書、ルカ文書[3]が執筆時点から「キリスト教文書」であったと見なすことさえも、再検討されてよいはずなのである。

この研究成果に基づき、「キリスト教」はいつから、どのようにして「キリスト教」となったのか、という問いに向けての次の課題として見出されるのは、マタイ福音書の受容史・影響史である。福音書記者マタイ自身が属した運動は、紀元1世紀末以降にどのような道をたどったのか、そして、マタイ福音書は、どのようにして「キリスト教文書」としての性格を備えていくことになったのかを、今後の研究を通じて明らかにしたい。

---

3 I. W. Oliver, *Torah Praxis after 70CE: Reading Matthew and Luke-Acts as Jewish Texts*, Tübingen: Mohr Siebeck, 2013 は、マタイに加えてルカにも律法に忠実なユダヤ的要素が見出されると論じている。

初出一覧

第3章 澤村雅史「マタイによる福音書 28 章 20 節『全て』の指示内容について」、『広島女学院大学生活科学部紀要』(広島女学院大学生活科学部) 20 号、2013 年、33-49 頁。

第4章 澤村雅史「マタイによる福音書 21 章 43 節における ἔθνος の指示内容について」、『神学研究』(関西学院大学神学研究会) 61 号、2014 年、27-37 頁。

第5章 澤村雅史「マタイによる福音書における『異邦人』」、『新約学研究』(日本新約学会) 43 号、2015 年、7-21 頁。

第6章 澤村雅史「マタイ福音書における ἀνομία : その対象をめぐる議論について」、『新約学研究』(日本新約学会) 40 号、2012 年、7-21 頁。

参考文献

1. 一次資料（聖書）

Nestle, E. (ed.), Aland, K. and B. (rev.), *Novum Testamentum Graece* [Nestle-Aland], Stuttgart: Deutsche Bibelgesellschaft, ^{28}2012.

Elliger, K. and Rudolph, W. (eds.), *Biblia Hebraica Stuttgartensia*, Stuttgart: Deutsche Bibelgesellschaft, 1983.

Rahlfs A. (ed.), *Septuaginta*, Stuttgart: Deutsche Bibelgesellschaft, 1935.

『聖書 新共同訳』、日本聖書協会、1987年。

『聖書 口語訳』、日本聖書協会、1954年／1955年。

Bible: New King James Version, 1982.

Bible: New Revised Standard Version, 1989.

2. 一次資料（外典・偽典および使徒教父文書ほか）

Lindemann, A. und Pausen, H. (Übers. und Hg.), *Die Apostolischen Väter.* Griechisch-deutsche Parallelausgabe auf der Grundlage der Ausgaben von Franz Xaver Funk/ Karl Bihlmeyer und Molly Whittaker, mit Übersetzungen von M. Dibelius und D.-A. Koch, Tübingen: Mohr Siebeck, 1992.

Thesaurus Linguae Graecae (http://stephanus.tlg.uci.edu)（2016 年 1 月 7 日閲覧）.

Perseus Digital Library (http://www.perseus.tufts.edu/hopper/)（2016 年 1 月 7 日閲覧）.

青野太潮訳「ペテロの宣教集」、『聖書外典偽典』別巻・補遺 II、教文館、1982 年。

荒井献編『使徒教父文書』、講談社、1998 年。

荒井献『トマスによる福音書』、講談社、1994 年。

エウセビオス、秦剛平訳『教会史』上巻・下巻、講談社、2010 年。

3. 事典類

Danker, F. W., Bauer, W., Arndt, W. F., and Gingrich, F. W. (eds.), *A Greek-English Lexicon of the New Testament and Other Early Christian Literature*, 3rd Edition, Chicago: University of Chicago Press, 2000.（略号 BDAG）

Kittel, G. and Friedrich, G. (eds.), Bromley, G. W. (trans.), *Theological Dictionary of the New Testament*, vol. V, Grand Rapids, MI: Eerdmans, 1968.（略号 TDNT）

Sakenfeld, K. D. et al. (eds.), *The New Interpreter's Dictionary of the Bible*, vol. 4, Nashville, TN: Abingdon Press, 2004.（略号 NIDB）

旧約新約聖書大事典編集委員会編『旧約新約聖書大事典』、教文館、1989 年。

4. 注解書（欧米語、ABC 順）

Davies, W. D. and Allison, D. C., *A Critical and Exegetical Commentary on the Gospel According to Saint Matthew* (ICC), 3 vols., Edinburgh: T&T Clark, 1988-1997.

Dykstra, T., *Mark, Canonizer of Paul: A New Look at Intertextuality in Mark's Gospel*, St. Paul, MN: OCABS, 2012.

Fiedler, P., *Das Matthäusevangelium* (ThKNT 1), Stuttgart: Kohlhammer, 2006.

France, R. T., *The Gospel of Matthew*, Grand Rapids, MI: Eerdmans, 2007.

Frankemölle, H., *Matthäus: Kommentar*, 2 Bde., Düsseldorf: Patmos, 1994-1997.

Gnilka, J., *Das Matthäus Evangelium* (HThK I/1-2), Freiburg: Herder, 1986-1988.

Grundmann, W., *Das Evangelium nach Matthäus* (ThHK 1), Berlin: Evangelische Verlagsanstalt, 3. Aufl., 1972.

Gundry, R. H., *Matthew: A Commentary on His Handbook for a Mixed Church under Persecution*, Grand Rapids, MI: Eerdmans, 1994.

Hagner, D. A., *Matthew* (WBC 33), 2 vols., Dallas, TX: Word, 1993, 1995.

Keener, C. S., *Matthew* (IVP NTC), Downers Grove, IL: IVP, 1997.

Konradt, M., *Das Evangelium nach Matthäus* (NTD1), Göttingen: Vandenhoeck & Ruprecht, 2015.

Luz, U., Crouch, J. E. (trans.), *Matthew 1-7: A Commentary*, Minneapolis, MN: Fortress, 2007.

Metzger, B., *A Textual Commentary on the Greek New Testament Second Edition*, Stuttgart: Deutsche Bibelgesellschaft, 1994.

Nolland, J., *The Gospel of Matthew: A Commentary on the Greek Text*, Grand Rapids, MI: Eerdmans, 2005.

Schnackenburg, R., Barr, R. R. (trans.), *The Gospel of Matthew*, Grand Rapids, MI: Eerdmans, 2002.

Strack, H. L. und Billerbeck, P., *Kommentar zum Neuen Testament aus Talmud und Midrash*, 6 Bde., München: Beck, 1922-1961.

5. 注解書（日本語、五十音順）

シュヴァイツァー、E.、佐竹明訳『マタイによる福音書』（NTD 新約聖書註解 2）、ATD・NTD 聖書註解刊行会、1978 年。

田川建三『新約聖書 訳と註 第 1 巻』、作品社、2008 年。

ヒル, D.、大宮謙訳『マタイによる福音書』（ニューセンチュリー聖書注解）、日本キリスト教団出版局、2010 年。

ルツ, U.、小河陽訳『マタイによる福音書』（EKK 新約聖書註解 I/1-4）、教文館、1990-2009 年。

6. その他の文献（欧米語、ABC 順）

Barth, G., "Matthew's Understanding of the Law", in Bornkamm, G., Barth, G. and Held, H. J. (eds.), Scott, P. (trans.), *Tradition and Interpretation in Matthew*, London: SCM Press, 1963, pp. 58-164.

Bauckham, R., "For Whom Were Gospels Written?", in Bauckham, R. (ed.), *The Gospels for All Christians: Rethinking the Gospel Audiences*, Grand Rapids, MI: Eerdmans,

1998, pp. 9-48.

Bornkamm, G., "End-Expectation and Church in Matthew", in Bornkamm, G., Barth, G. and Held, H. J. (eds.), *Tradition and Interpretation in Matthew*, London: SCM Press, 1963, pp. 15-56.

Bornkamm, G., "Die Binde- und Lösegewalt in der Kirche des Matthäus", in Bornkamm, G. und Rahner, K. (Hg.), *Die Zeit Jesu (FS H. Schlier)*, Freiburg / Basel / Wien: Herder, 1970, pp. 93-107.

Brown, R. E. and Meier, J. P., *Antioch and Rome: New Testament Cradles of Catholic Christianity*, Mahwah, NJ: Paulist Press, 1983.

Carter W., "Matthew and the Gentiles: Individual Conversion and/or Systematic Transformation?", *Journal for the Study of the New Testament* 26, 2004, pp. 259-282.

Davison, J. E., "ANOMIA and the Question of an Antinomian Polemic in Matthew", *Journal of Biblical Literature* 104, 1985, pp. 617-635.

Doole, J. A., *What was Mark for Matthew?: An Examination of Matthew's Relationship and Attitude to his Primary Source*, Tübingen: Mohr Siebeck, 2013.

Ebner, M. und Schreiber, S. (Hg.), *Einleitung in das Neue Testament*, Stuttgart: Kohlhammer, 2. Aufl., 2013.

Evans, C. A., "Fulfilling the Law and Seeking Righteousness in Matthew and in the Dead Sea Scrolls", in Gurtner, D. M. et al. (eds.), *Jesus, Matthew's Gospel and Early Christianity*, Edinburgh: T&T Clark, 2011, pp. 102-114.

Foster, P., *Community, Law and Mission in Matthew's Gospel*, Tübingen: Mohr Siebeck, 2004.

Foster, P., "Paul and Matthew: Two Strands of the Early Jesus Movement with Little Sign of Connection", in Bird, M. F. and Willits, J. (eds.), *Paul and the Gospels: Christologies, Conflicts and Convergences* (LNTS 411), London: T&T Clark, 2011, pp. 86-114.

Garland, D. E., *The Intention of Matthew 23* (NovTSup 52), Leiden: Brill, 1979.

Gundry, R. H., "In Defense of the Church in Matthew as a *Corpus Mixtum*", *Zeitschrift für die neutestamentliche Wissenschaft* 91, 2000, pp. 153-165.

Harrington, D., "Matthew and Paul", in Sim, D. C. and Repschinski, B. (eds.), *Matthew and His Christian Contemporaries* (LNTS 333), London: T&T Clark, 2008, pp. 11-26.

Howell, D. B., *Matthew's Inclusive Story: A Study in the Narrative Rhetoric of the First Gospel* (JSNTS 42), Sheffield: Sheffield Academic Perss, 1990.

Iverson, K. R., "An Enemy of the Gospel?: Anti-Paulinisms and Intertextuality in the Gospel of Matthew", in Skinner, C. W. and Iverson, K. R. (eds.), *Unity and Diversity in the Gospels and Paul: Essays in Honor of Frank J. Matera*, Atlanta, GA: Society of Biblical Literature, 2012, pp. 7-32.

Kähler, M., Braaten, C. E. (trans.), *The So-Called Historical Jesus and the Historic Biblical Christ*, Philadelphia: Fortress, 1964.

Kelber, W. H., *Mark's Story of Jesus*, Minneapolis: Fortress, 1979, Kindle edition.

Konradt, M., Ess, K. (trans.), *Israel, Church and the Gentiles in the Gospel of Matthew*, Waco, TX: Baylor University Press, 2014.

Luomanen, P., "Corpus Mixtum?—An Appropriate Description of Matthew's Community", *Journal of Biblical Literature* 117, 1998, pp. 469-480.

Marcus, J., "Mark-Interpreter of Paul", *New Testament Studies* 46, 2000, pp. 473-487.

Mohrlang, R., *Matthew and Paul: A Comparison of Ethical Perspectives* (SNTSMS 48), Cambridge: Cambridge University Press, 1984.

Oliver, I. W., *Torah Praxis after 70CE: Reading Matthew and Luke-Acts as Jewish Texts*, Tübingen: Mohr Siebeck, 2013.

Olmstead, W. G., "A Gospel for a New Nation: Once More, the ἔθνος of Matthew 21.43", in: Gurtner, D. M. et al. (eds.), *Jesus, Matthew's Gospel and Early Christianity*, Edinburgh: T&T Clark, 2011, pp.115-132.

Overman, J. A., *Matthew's Gospel and Formative Judaism: The Social World of the Matthean Community*, Minneapolis: Fortress, 1990.

Overman J. A., *Church and Community in Crisis: The Gospel According to Matthew*, London: Continuum International Publishing Group, 1996.

Park, E. E. C., "Covenantal Nomism and the Gospel of Matthew", *Catholic Biblical Quarterly* 77, 2015, pp. 668-685.

Rölver, O., *Christliche Existenz zwischen den Gerichten Gottes: Untersuchungen zur Eschatologie des Matthäusevangeliums* (BBB 163), Göttingen: V&R Unipress, 2010.

Runesson, A., "Judging Gentiles in the Gospel of Matthew: Between 'Othering' and

Inclusion", in *Jesus, Matthew's Gospel and Early Christianity*, pp. 133-151.

Saldarini, A. J., "The Gospel of Matthew and Jewish-Christian Conflict in Galilee", in Levine, L. I. (ed.), *The Galilee in Late Antiquity*, New York: Jewish Theological Seminary of America, 1992, pp. 23-38.

Saldarini, A. J., *Matthew's Christian-Jewish Community*, Chicago: University of Chicago Press, 1994.

Saldarini, A. J., *Pharisees, Scribes and Sadducees in Palestinian Society*, Grand Rapids, MI: Eerdmans, 2001, Kindle edition.

Sanders, E. P., *Paul and Palestinian Judaism: A Comparison of Patterns of Religion*, Minneapolis: Fortress, 1977.

Senior, D., "Directions in Matthean Studies", in Aune, D. E. (ed.), *The Gospel of Matthew in Current Study*, Grand Rapids, MI: Eerdmans, 2001, pp. 5-21.

Senior, D., "Matthew at the Crossroads of Early Christianity: An Introductory Assessment", in Senior, D. (ed.), *The Gospel of Matthew at The Crossroads of Early Christianity*, Leuven: Peeters, 2011, pp. 3-23.

Sim, D. C., *The Gospel of Matthew and Christian Judaism: The History and Social Setting of the Matthean Community*, Edinburgh, T&T Clark, 1998.

Sim, D. C., "Matthew, Paul and the Origin and Nature of the Gentile Mission: The Great Commission in Matthew 28:16-20 as an Anti-Pauline Tradition", *Hervormde Teologiese Studies* 64, 2008, pp. 377-392.

Sim, D. C., "Polemical Strategies in the Gospel of Matthew", in Wischmeyer, O. und Scornaienchi, L. (eds.), *Polemik in der frühchristlichen Literatur* (BZNW 170), Berlin: De Gruyter, 2010, pp. 491-515.

Sim, D. C., "Gentiles, God-Fearers and Proselytes", in Sim, D. C. and McLaren, J. S. (eds.), *Attitudes to Gentiles in Ancient Judaism and Early Christianity* (LNTS 499), London: T&T Clark, 2013, pp. 9-27.

Sim, D. C., "The Attitude to Gentiles in the Gospel of Matthew", in *Attitudes to Gentiles in Ancient Judaism and Early Christianity*, pp. 173-190.

Sim, D. C., "The Reception of Paul and Mark in the Gospel of Matthew", in Wischmeyer, O., Sim, D. C. and Elmer, I. J. (eds.), *Paul and Mark: Comparative Essays. Part I: Two*

Authors at the Beginnings of Christianity, Berlin: De Gruyter, 2014, pp. 589-615.

Stanton, G. N., *A Gospel for a New People: Studies in Matthew*, Edinburgh: T&T Clark, 1992.

Strecker, G., *Der Weg der Gerechtigkeit. Untersuchung zur Theologies des Matthäus*, Göttingen: Vandenhoeck & Ruprecht, 3. Aufl., 1971.

Svartvik, J., "Matthew and Mark", in Sim, D. C. and Repschinski, B. (eds.), *Matthew and His Christian Contemporaries* (LNTS 333), London: T&T Clark, 2008, pp. 27-49.

Trilling, W., *Das wahre Israel: Studien zur Theologie das Matthäusevangeliums*, Leipzig: St. Benno, 1959.

Werner, M., *Der Einfluß paulinischer Theologie im Markusevangelium: eine Studie zur neutestamentlichen Theologie* (BZNW 1), Berlin: De Gruyter, 1923.

Willits, J., "Paul and Matthew: A Descriptive Approach from a Post-New Perspective Interpretative Framework", in Bird, M. F. and Willits, J. (eds.), *Paul and the Gospels: Christologies, Conflicts and Convergences*, pp. 62-85.

Wong, E. K. C., *Evangelien im Dialog mit Paulus* (NTOA 89), Göttingen: Vandenhoeck &Ruprecht, 2012.

Zangenberg, J., "Matthew and James", in Sim, D. C. and Repschinski, B. (eds.), *Matthew and His Christian Contemporaries* (LNTS 333), London: T&T Clark, 2008, pp. 104-122.

7. その他の文献（日本語、五十音順）

上村静『旧約聖書と新約聖書――「聖書」とはなにか』、新教出版社、2011年。

大石健一「マルコにおける『福音』（εὐαγγέλιον）の起源とその用法」、『新約学研究』（日本新約学会）44号、2016年、7-22頁。

小河陽『マタイ福音書神学の研究』、教文館、1984年。

小河陽「マタイ福音書における矛盾要素の併存の問題――律法と福音の問題に寄せて」、『神学』（東京神学大学神学会）70号、2008年、106-130頁。

上沼昌雄「救済史的理解をめぐって」、『福音主義神学』（日本福音主義神学会）11号、1980年、3-21頁。

川島貞雄『マルコによる福音書――十字架への道イエス』（福音書のイエス・キリ

スト)、日本基督教団出版局、1996 年。

佐藤研『聖書時代史 新約篇』、岩波書店、2003 年。

佐藤研『はじまりのキリスト教』、岩波書店、2010 年。

サフライ, S. ／シュテルン, M.、長窪専三・土戸清・川島貞雄・池田裕訳『総説ユダヤ人の歴史 下巻』、教文館、1992 年。

澤村雅史「マタイによる福音書 21 章 14 節に関する一考察」、『広島女学院大学国際教養学部紀要』(広島女学院大学国際教養学部) 1 号、2014 年、21-27 頁。

シュトゥールマッハー, P.、原口尚彰訳『聖書神学をどう行うのか？──聖書神学の構想と実行』、教文館、1999 年。

シューラー, E.、小河陽・安達かおり・馬場幸栄訳『イエス・キリスト時代のユダヤ民族史Ⅲ』、教文館、2014 年。

須藤伊知郎「民族性と救い──マタイ 21,43 の釈義──」、『西南学院大学神学論集』(西南学院大学学術研究所) 56 巻 1 号、1998 年、1-33 頁。

須藤伊知郎「Blut und Schuld in Mt 27, 19f. 24f.（マタイ 27:19-20, 24-25 における血と責任)」、『西南学院大学神学論集』(西南学院大学学術研究所) 57 巻 1 号、1999 年、1-15 頁。

須藤伊知郎「マタイ福音書における ἔθνος ── 28 章 19 節の πάντα τὰ ἔθνη はイスラエルを含むか──」、『新約学研究』(日本新約学会) 34 号、2006 年、5-18 頁。

須藤伊知郎「人の子による『大イスラエル』の復興？──マタイ福音書 10,23 の釈義試論──」、『西南学院大学神学論集』(西南学院大学学術研究所) 66 巻 1 号、2009 年、13-25 頁。

タイセン, G.、大貫隆訳『新約聖書──歴史・文学・宗教』、教文館、2003 年。

田川建三「マタイ福音書における民族と共同体」、『聖書学論集』(日本聖書学研究所) 5 号、1967 年、116-132 頁。

田川建三『宗教とは何か 下 マタイ福音書によせて〔改訂増補版〕』、洋泉社、2006 年。

角田信三郎『マタイ福音書の研究』、創文社、1996 年。

テルフォード, W. R.、嶺重淑・前川裕訳『マルコ福音書の神学』(叢書 新約聖書神学①)、新教出版社、2012 年。

土岐健治『初期ユダヤ教の実像』、新教出版社、2005 年。

参考文献

中野実『マタイの物語を味わう——救いとつまずきの間を歩む民』、日本聖書協会、2008年。

ニューズナー, J.、長窪専三訳『パリサイ派とは何か——政治から敬虔へ』、教文館、1988年。

橋本滋男「福音書における旧約聖書」、出村彰・宮谷宣史編『聖書解釈の歴史——新約聖書から宗教改革まで』、日本基督教団出版局、1986年。

橋本滋男「マタイ福音書における異邦人の位置」、『基督教研究』(同志社大学) 47号、1986年、16-45頁。

ハーン, F.、勝田英嗣訳『新約聖書の伝道理解』、新教出版社、2012年。

蛭沼寿雄『新約本文学演習 マルコ福音書・マタイ福音書』、新教出版社、2011年。

蛭沼寿雄、秀村欣二編『ギリシャ、ローマ、エジプト、ユダヤの史料による原典新約時代史』、山本書店、1976年。

ベック, U.、鈴木直訳『〈私〉だけの神——平和と暴力のはざまにある宗教』、岩波書店、2011年。

ボヤーリン, D.、土岐健治訳『ユダヤ教の福音書——ユダヤ教の枠内のキリストの物語』、教文館、2013年。

マルクスセン, W.、渡辺康麿訳『新約聖書緒論——緒論の諸問題への手引』、教文館、1984年。

マルクスセン, W.、辻学訳『福音書記者マルコ 編集史的考察』、日本キリスト教団出版局、2010年。

ルツ, U.、原口尚彰訳『マタイの神学——イエス物語としてのマタイ福音書』、教文館、1996年。

聖句索引

創世記
12:2　　98

出エジプト記
20:8-11　53
32:10　　98

レビ記
19:37　　82

民数記
5:30　　82
27:17　　117

申命記
4:8　　82
5:12-15　53
24:8　　82
27:3　　82
27:8　　82
27:26　　82
28:58　　82
29:28　　82
31:12　　82
31:24　　82
32:44　　82
32:46　　82

ヨシュア記
23:6　　82

サムエル記上
1:1　　126

列王記上
22:17　　117

列王記下
17:13　　82
23:25　　82

歴代誌上
16:40　　82

歴代誌下
18:16　　117
33:8　　82
35:19　　82

詩編
6:9　　135
78:2　　84
110:1　　24

箴言
17:28　　99

イザヤ書
2:4　　98
3:13-15　96
5:1-7　　96
5:24-25　108
7:9　　126
7:14　　23
8:8　　23
8:10　　23
8:23　　120
8:23-9:1　23
43:4-7　　97
53:4　　23
56:7　　55, 84

ホセア書
6:6　　45

ミカ書
4:3　　98

ゼカリヤ書
11:12-13　23

マタイ福音書
1:1　　151, 164
1:1-17　23
1:3　　125

1:5	*125*	5:11-12	*104*	7:5	*62*
1:6	*125*	5:14b	*99*	7:8	*76*
1:17	*78*	5:15	*74*	7:12	*75, 85*
1:18	*164*	5:17	*87*	7:15-20	*97*
1:21	*83*	5:17-19	*72, 153, 166*	7:17	*76*
1:23	*23*	5:17-20	*14, 23, 67, 68,*	7:19	*76, 141*
2:1-12	*29, 125*		*69, 71, 82, 87, 90, 110,*	7:21	*74, 100, 136*
2:2	*112, 164*		*156*	7:21-23	*97, 135, 153*
2:3	*78*	5:18	*68, 76*	7:23	*131, 135*
2:4	*70, 76*	5:18-19	*68, 87*	7:24	*136*
2:6	*83*	5:19	*68*	7:26	*76*
2:16	*76, 78*	5:20	*56, 87, 136, 137*	7:29	*28, 164*
2:20-21	*118*	5:21-26	*68*	8:5-	*89*
3:1-12	*56*	5:21-6:4	*68*	8:5-13	*29, 126*
3:5	*78*	5:22	*76*	8:7	*126*
3:7	*30, 56, 59*	5:27-30	*68*	8:8	*126*
3:7-10	*98*	5:28	*76*	8:11-12	*126*
3:7-12	*56, 114*	5:31-32	*68*	8:12	*109, 127, 128*
3:8	*99, 102, 105*	5:32	*76*	8:16	*79*
3:8-9	*114*	5:33-37	*68*	8:17	*23, 36*
3:8-10	*97, 100*	5:38-42	*68*	8:26	*162*
3:9	*126, 128*	5:43-48	*68*	8:28	*80*
3:15	*25, 73, 87*	5:46	*122*	8:28-34	*113, 120*
4:1-11	*156*	5:47	*29, 111, 114,*	8:32	*78*
4:4	*77*		*122, 124*	8:33	*78*
4:12	*150, 151*	6:2	*62*	8:34	*78*
4:12-17	*113, 120*	6:5	*62*	9:1-17	*58*
4:15	*93, 98, 124*	6:7	*29, 111, 114,*	9:3	*58*
4:15-16	*23*		*122, 124*	9:4	*30*
4:17	*150, 151*	6:9-13	*41*	9:7	*80*
4:23	*28, 78, 83, 114,*	6:16	*62*	9:8	*80*
	148, 149, 151, 152	6:29	*77*	9:9	*21, 80*
4:24	*76*	6:30	*122, 162*	9:11	*58*
4:25	*121*	6:32	*29, 73, 76, 93,*	9:13	*45*
5:1-7:29	*162*		*111, 114, 122, 124*	9:14	*57*
5:11	*79*	6:33	*76*	9:20	*80*

9:21	*80*	12:7	*45, 46, 47*	13:38	*141*
9:25	*80*	12:8	*46*	13:39	*156*
9:34	*60*	12:9	*28*	13:39-40	*141*
9:35	*28, 76, 79, 114,*	12:9-14	*46, 54*	13:41	*76, 131, 133,*
	148, 149, 151, 152	12:10	*47*		*141*
9:36	*117*	12:11-12	*47*	13:41-42	*135, 140, 152*
10:1	*79*	12:11-12a	*47*	13:42	*109, 141*
10:1-11:1	*162*	12:12	*47*	13:43	*141*
10:5	*88, 93, 111, 114,*	12:12a	*47*	13:44	*76, 86*
	116, 117, 118, 119, 120,	12:12b	*47*	13:44-50	*86*
	124, 129	12:14	*57, 58*	13:44-52	*141*
10:5b	*119*	12:15	*76, 80*	13:46	*76, 86*
10:5-	*89, 113*	12:18	*93, 124*	13:47	*79*
10:5-6	*19, 27, 29, 31,*	12:18-21	*113, 122*	13:50	*109, 141*
	36, 112, 113, 115, 116,	12:21	*93, 124*	13:51	*76*
	117, 119, 167	12:23	*78, 80*	13:52	*36, 76*
10:5-15	*115*	12:24	*59*	13:53-54	*48*
10:6	*117, 119, 128*	12:25	*77*	13:54	*28*
10:7	*117*	12:33-37	*97*	13:56	*76*
10:8	*136*	12:34	*30*	14:12	*84*
10:14	*116*	12:36	*77*	14:13	*80*
10:16-	*90*	12:38	*58*	14:19	*80, 81*
10:16-23	*115*	13:1-23	*140*	14:26	*80*
10:17-22	*116, 139*	13:1-53	*162*	14:31	*162*
10:18	*29, 116, 124*	13:18	*84*	14:35	*76*
10:22	*29*	13:18-23	*97*	15:1	*80*
10:23	*88, 90, 93, 116,*	13:19	*76*	15:1-20	*49, 52, 63*
	117, 118, 119	13:24-	*110*	15:2	*51, 52*
11:13	*76*	13:24-30	*109, 140, 156*	15:7	*62*
11:28	*76*	13:24-43	*57*	15:10	*80*
12:1-8	*44, 54*	13:31-33	*140*	15:11	*51, 52*
12:1-14	*54, 72*	13:32	*80*	15:12-14	*56*
12:2	*47, 58*	13:34	*75*	15:13	*51, 76*
12:5-6	*45, 46*	13:35	*84*	15:14	*51*
12:5-7	*45*	13:36-43	*109, 140, 153,*	15:15	*51*
12:6	*46*		*156*	15:17	*82*

15:20	*52*	19:3	*58, 76*	21:41	*97, 103, 104, 105*
15:21-	*89*	19:11	*76*		
15:21-28	*29, 36, 113, 114, 115, 121, 128*	19:29	*76, 150, 151*	21:42	*104*
		20:19	*93, 98, 111, 114, 122, 124*	21:43	*19, 88, 89, 93, 94, 95, 97, 98, 99, 100, 101, 103, 104, 105, 110, 114, 123, 124, 126, 128, 166, 167*
15:22	*121*				
15:24	*31, 128*	20:25	*93, 98, 111, 114, 122, 124*		
15:31	*80*				
15:37	*75*	20:25-28	*84*		
16:1	*59*	20:27	*84*	21:43-44	*104*
16:5-12	*59*	21:1-11	*23*	21:44	*104*
16:6	*59*	21:12	*74, 86*	21:45	*57, 60, 96, 105*
16:8-9	*162*	21:12-14	*96*	22:1	*107*
16:11	*59*	21:12-17	*23, 124*	22:1-14	*97, 105, 106, 109, 167*
16:11-12	*59*	21:13	*83*		
16:12	*59*	21:16	*81*	22:2-14	*126*
16:13-19	*153*	21:18-22	*97*	22:3	*107*
16:13-20	*162*	21:23	*105*	22:4	*75*
16:17-18	*155*	21:23-27	*102*	22:4b	*107*
16:25	*150, 151*	21:23-32	*102*	22:5	*107*
16:27	*100*	21:25	*102*	22:6	*107, 108*
17:14	*80*	21:26	*79*	22:7	*25, 107, 108*
17:17	*80*	21:28	*100*	22:7-10	*97*
18:1	*80*	21:28-22:14	*126*	22:8	*108, 109*
18:1-19:1	*162*	21:28-31b	*102*	22:8-9	*108*
18:10	*76*	21:28-32	*97, 101, 109, 167*	22:9-10	*107*
18:16	*76*			22:10	*76*
18:17	*111, 114, 122, 124*	21:31a	*97*	22:11	*107*
		21:31b-32	*97*	22:11-13	*109*
18:19	*77*	21:31c	*102*	22:11-14	*97, 106, 108*
18:19-20	*32*	21:32	*102*	22:13	*109*
18:23	*107*	21:33	*103*	22:15	*60*
18:25	*76, 86*	21:33-41	*96, 97*	22:15-16	*105*
18:26	*76*	21:33-44	*103, 109, 167*	22:18	*30, 62*
18:31	*76*	21:34	*103*	22:23	*59*
18:32	*76, 79*	21:39	*103*	22:28	*76*
18:34	*76*	21:40-41	*103*	22:34	*59, 60*

22:36	*81*	24:8	*76*	27:22	*78, 82*
22:36-40	*139*	24:9	*94, 124, 139*	27:25	*78, 82, 83*
22:40	*81, 91*	24:9-10	*139*	27:45	*78*
22:41	*60*	24:9-14	*116, 135, 138*	27:57	*126*
22:41-46	*24*	24:12	*131, 138, 139*	27:57-58	*162*
22:45	*24*	24:13-14	*139*	27:62	*57*
23:1-36	*60, 137*	24:14	*76, 94, 114, 116,*	27:62-66	*57*
23:1-26:1	*162*		*119, 124, 139, 148, 149,*	28:5	*159*
23:2-3	*60*		*151, 152*	28:11	*73*
23:3	*61, 76, 86, 87,*	24:15	*53*	28:16-20	*33, 89, 90, 112,*
	90, 138	24:15-28	*52*		*117, 121, 150, 153, 162,*
23:5	*61, 76, 138*	24:20	*53, 54*		*166*
23:8	*27, 75*	24:25	*85*	28:18	*79, 164*
23:13	*61, 62*	24:30	*76, 93*	28:18-20	*15, 31, 67, 68,*
23:13-		24:33	*76*		*72, 116, 150*
23:14	*130*	24:39	*73*	28:19	*31, 36, 76, 87,*
23:15	*61, 62, 130*	24:51	*62, 109*		*89, 90, 93, 97, 99, 112,*
23:20	*76*	25:5	*76*		*113, 118, 124, 129, 166*
23:23	*46, 61, 62, 70,*	25:7	*76*	28:19-20	*19, 29, 113, 119,*
	71	25:13	*85*		*126, 129*
23:25	*61, 62*	25:30	*109*	28:20	*68, 72, 82, 85,*
23:26	*61*	25:31	*76*		*87, 90, 91, 110, 143,*
23:27	*61, 62, 79*	25:31-46	*100*		*164, 166*
23:27-28	*135, 137, 168*	25:32	*76, 94, 124*	28:20a	*79*
23:28	*131, 138*	25:41	*156*	28:20b	*76*
23:29	*61, 62*	26:1	*74*		
23:33	*30*	26:13	*148, 149, 150,*	**マルコ福音書**	
23:34	*28*		*151, 152*	1:1	*148, 150, 151,*
23:35-36	*83*	26:39	*80*		*152, 161*
23:36	*27, 76*	26:52	*76*	1:14	*148, 150, 151*
23:37	*104*	26:57	*83*	1:15	*148, 150, 151*
23:37-39	*27*	26:66	*82*	1:21-28	*162*
24:2	*76*	26:68	*81*	1:39	*148, 151*
24:3	*84*	26:70	*78*	2:12	*80*
24:4-14	*116*	27:1	*76*	2:13	*80*
24:7	*94, 98, 124*	27:9-10	*23*	2:14	*21*

2:16	58	7:1-23	49, 50, 161	11:16	86
2:18	57	7:2	51	11:17	55, 83, 123, 124
2:18a	58	7:3	57, 80	11:18	81
2:23-28	44, 45	7:3-4	51, 160	11:27	60
2:24	58	7:4	51	11:27-33	102
2:27	45, 72	7:5	57	12:1-12	103
3:1-6	46, 47	7:6	62	12:2	103
3:2	47	7:14	80	12:10-11	104
3:4-5	47	7:15	51, 52	12:12	60
3:6	58	7:16	51	12:13	60
3:7-8	121	7:18	51	12:18	59
3:22	59	7:19	51, 52, 80, 82	12:28	81
4:1-20	140	7:37	80	12:28-	60
4:13	84	8:11	58, 59	12:28-34	139
4:30-32	140	8:14	59	12:33	81
4:32	80	8:14-21	59, 159	12:35	60
4:34	84	8:17-18	162	12:35-37	24, 162
4:35-41	159	8:31	162	12:37b-40	60
4:40	162	8:33	161	12:38	137, 162
5:5	80	8:35	148, 150, 151, 152	13:1	24
5:26	80	9:2-13	161	13:3-13	139
5:33	80	9:15	80	13:4	24, 84
5:40	80	9:23	80	13:5-13	116
6:1-2	48	9:35	80	13:8	124
6:1-13	162	10:1-12	161	13:9-13	115
6:2	48	10:2	58	13:9b	116
6:6b	148, 151	10:29	148, 150, 151, 152	13:10	116, 123, 124, 139, 148, 151, 152, 161
6:7-13	115	10:33	124	13:14	53
6:11	116	10:33-34	55	13:14-23	52, 53
6:30	84	10:42	55, 124	13:23	85
6:33	80	10:44	84	13:37	85
6:34-44	162	10:45	161	14:9	148, 151, 161
6:39	80	11:1-11	23	14:36	80
6:41	81	11:15-19	23, 162	14:53	83
6:50	80			14:64	82
6:52	162				

14:65	*81*	11:39	*61*		
15:42-43	*162*	11:42	*61*	**使徒言行録**	
15:43	*126*	11:44	*61*	1:8	*121*
16:1-8	*160*	11:46	*61*	4:1	*59*
16:6	*159*	11:47	*61*	5:17	*59*
16:8	*150*	11:52	*61*	15:1-	*69*
16:9-20	*150*	11:53	*61*	15:1-39	*155*
16:14-18	*150*	12:15	*80*	23:6	*59*
16:15	*148, 150, 151*	12:28	*162*	23:7	*59*
		13:18-21	*140*	23:8	*59*
ルカ福音書		13:25-27	*135*		
4:16	*48*	13:27	*135*	**ローマ書**	
5:17	*61*	13:28	*109*	3:21	*157*
5:21	*61*	13:31	*61*	3:23-25	*161*
5:26	*80*	14:1	*61*	4:7	*131*
5:30	*58*	14:3	*61*	4:13	*157*
5:33	*57*	14:5	*47*	5:8-9	*161*
6:1-5	*44*	14:15-24	*105, 106*	5:18-19	*161*
6:2	*58*	15:2	*61*	6:19	*131*
6:6-11	*46*	16:14	*61*	9:31-32	*157*
6:7	*61*	17:20	*61*	10:4	*153, 157*
6:11	*58*	18:10	*61*	10:9-10	*153*
6:17	*121*	18:11	*61*	15:14-21	*161*
6:42	*62*	18:14	*61*	15:16	*153*
7:30	*61*	19:39	*61*		
7:36	*61*	19:48	*81*	**Ⅰコリント書**	
7:37	*61*	20:18	*104*	1:2	*39*
7:39	*61*	20:19	*60*	1:23	*159*
8:4-15	*140*	20:20	*60*	2:2	*158, 159*
8:11	*84*	20:27	*59*	7:17-24	*160*
9:5	*116*	20:45-47	*137*	9:5	*39*
9:29-50	*136*	21:7-19	*139*	12:3	*153*
10:25	*60*	21:12	*116*	15:1-4	*151*
11:15	*59, 60*	21:20-24	*52*	16:3	*39*
11:29	*58, 59*	22:64	*81*		
11:37-54	*137*	23:51	*126*		

聖句索引

Ⅱコリント書
6:14 *131*
11:4-6 *161*
11:13-15 *156*

ガラテヤ書
1:6 *152*
1:12 *155*
1:15-16 *153, 161*
1:16-17 *155*
1:17 *160*
2:1-10 *155*
2:6-14 *161*
2:7-8 *160*
2:21 *157*
3:1 *159*
3:21-22 *157*
3:23-25 *153*
5:3 *82*
5:14 *82*
6:14 *158*

エフェソ書
12:2 *155*

フィリピ書
3:5 *23*
3:9 *157*

Ⅰテサロニケ書
2:14 *39*

Ⅱテサロニケ書
2:3 *131*
2:7 *131*

テトス書
2:14 *131*

ヘブライ書
1:9 *131*
10:17 *131*

ヤコブ書
2:10 *82*

Ⅰペトロ書
5:9 *39*

Ⅰヨハネ書
3:4 *131*

Ⅰマカバイ書
2:29-38 *53*

Ⅰエズラ書
4:11 *119*
8:21 *82*

あとがき

　本書は、2016年3月に、広島大学大学院総合科学研究科に提出・受理された博士論文「福音書記者マタイの執筆動機およびその自己理解について」を、出版に際して書き改めたものである。

　本研究が根ざす聖書学のみならず、いかなる研究領域においても、「正しい」とされていることに対し、あえて問いを向けてみるということは、学術的探究の第一歩といえる。本書でも、そのひそみに倣い、マタイによる福音書を、キリスト教文書であるという前提や、新約聖書内の他の書巻との神学的一致という仮定から切り離し、テクストそのものから読み取れることは何かと改めて問うてみた。

　マタイ 5:18 の「律法の一点一画も過ぎ去らない」という律法墨守の教えや、10:5 の異邦人宣教禁止を思わせる指示が、28:18-20 の復活したイエス・キリストによる、いわゆる「大宣教命令」によって乗り越えられている、と見ることは、たしかにキリスト教的には収まりがよい解釈である。しかし問題は、5:18 や 10:5 の廃止を直接指示するような言辞が 28:18-20 のみならず他のどこにも見当たらないということである。一方で 5:18 が示すマタイの律法理解は、福音書全体に一貫しており、「異邦人」に対する両義的な姿勢もまた、福音書のそこかしこに見出される。

　これらの要素についての説明、なかでも 10:5 と 28:18-20 との間の矛盾あるいは緊張とみられるものについては、本文で触れたように、長年にわたって様々な研究者たちが解決を試みてきたところである。多くの釈義家たちは、

あとがき

　この矛盾はイエス・キリストの復活を契機に、イスラエル宣教が諸民族宣教へと拡大したという、福音書記者マタイの神学的理解に由来すると考えてきた。これに対し本書では 10:5 と 28:18-20 との間の緊張および「異邦人」に対する両義的な姿勢についての解決を、「『律法全体を、イエス・キリストの解釈に基づいて完全に遵守すること』を基準とする神の民の再編」というテーゼとして提示した。すなわち、神の民イスラエルのうちに数えられる者とは、血統によるのではなく、律法の掟を逐条的に、かつイエス・キリストが示した解釈に基づいて遵守するか否かによるのである。この基準による神の民の再編という終末論的事態が、今や到来している、という認識がマタイ福音書の基底をなしていると考えられる。

　また、この認識は、福音書記者マタイの現在において、律法遵守を等閑視することによって進展している異邦人宣教への危機感と互いに結び合っている。この「不法」なる異邦人宣教は成功を収めつつあり、他方では、マタイとは異なる律法理解において掟の逐条的遵守を唱導するファリサイ派は、イエス・キリストを認めないという「不法」にもかかわらず、民衆の間で権威ある地位を固めつつある。この状況において、自らの正統意識とは裏腹に、福音書記者マタイは自らの立場がむしろ周縁化されていくという強い危機感にさらされている。つまり、マタイ福音書の成立は、「ユダヤ教」から「キリスト教」へといった救済史的な線形にあてはめて理解されるべきものではなく、より複雑で動態的に把握されるべきものであり、パウロやマルコ的な救済史理解はマタイ自身の立場とは相容れないとさえ考えられるのである――。このような観点にたって、福音書記者マタイの自己理解と執筆意図を論じた本書が、今後の日本の聖書学の中で、池に投げ込まれたほんの小さな石粒のようにでも、議論のきっかけとなれば幸いである。

　このような議論また結論を、聖書を信仰の礎とする真摯なクリスチャンの中には受け入れがたく思う方もおられるであろう。筆者自身も、学問的誠実を志した研究の着地点と、イエスさまへの単純素朴な信仰とが自らのうちにどのような脈絡で同居しているのか、よくわからないでいる。しかし、やがて何かが見えてくることを信じて、いまはこの研究の道行きをなお辿ってみたいと考えている。本書冒頭に述べたように、キリスト教の起源についての

あとがき

問いは、極めて今日的な意義を持つと信じるからである。

　エルサレム神殿崩壊に象徴される苦難と混乱と不安の中で、福音書記者マタイが自らの拠り所として見出した、イエス・キリストと律法に向かう敬虔な献身は、他者を「不法」と蔑む目線と表裏一体を成している。このことを、2000年前の福音書記者に固有な問題としてではなく、今の我々に向けられた問い、すなわち、どのようにして後者への誘惑を避け、前者の実りをさらに豊かなものとするか、という問いとして受け止めたい。この問いは、多様性と不寛容、アパシーと敬虔がせめぎ合う世界をどのように生きるか、という問いにつながっている。その答えを求める営みは、ちょうど前述したような、自らが正しいと信じることを脱構築していく営みと不可分である。しかしそれは、信じることを捨ててしまうことと同じではないはずだ。この「あとがき」を執筆する中で、筆者は聖書との最初の出会いから本書の執筆までを思い返しながら、改めてそのように確信しているところである。

　聖書を読む、ということについて最初に教えてくれたのは、洗礼を受けた母教会で、同信の先輩にあたる青年たちが聖書に真摯に向き合う姿であった。長距離トラックのハンドルや玄能を握る無骨な手で、聖書のページを日々、祈りながら皺が寄るほどに手繰る姿は、今も近づきたい憧れである。

　その後、会社勤めを経て、牧師になることを志し、関西学院大学神学部に学んだ折が、聖書学との最初の出会いであった。それまで親しみ、拠り所としてきた聖書が、新たに学んだ知見や視点によってバラバラに解体されるかのように思えて、戸惑いを覚えつつあったころ、恩師である山内一郎先生（関西学院大学名誉教授）の導きによって引き合わせていただいたのは、当時、関西学院大学商学部宗教主事を務めておられた辻学先生（現広島大学大学院総合科学研究科教授）であった。以後、修士論文執筆の面倒を細やかにみてくださった辻先生には、それ以来一貫して聖書学の手ほどきを賜り、研究の喜びと厳しさを教えていただくとともに、新たに歩むべき道を指し示していただいた。本書の原型となる博士論文執筆にあたって、並々ならぬご指導によって、完成・提出まで伴走していただいたのみならず、本書出版にあたっても後押しをしていただいた。多大なる学恩にはただただ深く感謝するのみである。須藤伊知郎先生（西南学院大学神学部教授）には博士論文審査

あとがき

にあたって、ご多忙を極める中、貴重なお時間を割いていただいたほか、学会発表のたびに、テーゼを丁寧に受け止めての的確な批判によって、研究を後押ししてくださったことに、心より感謝申し上げたい。博士論文執筆に際して、副査として指導にあたってくださった広島大学大学院総合科学研究科市川浩教授、長田浩彰教授、吉村慎太郎教授の諸先生方、また、テーゼの拠り所となる著書や論文を贈ってくださり、直接にご助言もくださった David C. Sim 先生（Professor of Australian Catholic University）にも感謝申し上げたい。本務校である広島女学院大学には様々の研究環境を整えていただいたが、とくに、宗教センター事務課 課長の坂野康文氏には、日々の業務に関する誠実なご助力によって、研究への集中を許していただいたことに感謝したい。

　本書の出版にあたって、多大なるお支えをいただいた松尾信孝氏（学校法人広島女学院理事・日本キリスト教団広島南部教会員）には、どのような言葉によっても御礼を述べ尽くすことはできないほどのご恩を賜り、深く感謝申し上げたい。

　また、日本キリスト教団出版局の土肥研一氏には、本書の原稿の最初の読者となって、論旨を深く理解していただき、種々の誤植・誤記から文章の不十分な点に至るまで、本書がより良いものとなるように、細やかに、また辛抱強く、熱心に校正を助けていただいたことを厚く感謝申し上げたい。

　最後に、6 年にわたる博士論文執筆と、本書の出版までの毎日を、あたたかさと笑いによって励まし、支え続けてくれた妻と息子たちに、特別な感謝を捧げたい。

2016 年 11 月　澤村雅史

澤村雅史（さわむら・まさし）

1967年、青森県青森市生まれ。現在、広島女学院大学チャプレン（国際教養学部国際教養学科准教授）。エリザベト音楽大学非常勤講師（人間学担当）。1990年小樽商科大学商学部卒業、川崎重工業株式会社勤務を経て、1999年関西学院大学神学部卒業、2001年同神学研究科博士前期課程修了、2016年広島大学総合科学研究科博士後期課程修了、博士（学術）。2001-2009年日本キリスト教団春日東教会（福岡県春日市）主任担任教師。2014年より広島YMCAチャプレン、日本YMCA同盟ミッション委員。

福音書記者マタイの正体
その執筆意図と自己理解

2016年12月8日　初版発行　©澤村雅史 2016
著者　澤村雅史
発行　日本キリスト教団出版局
〒169-0051　東京都新宿区西早稲田2の3の18
電話 03-3204-0422（営業）　03-3204-0424（編集）
http://bp-uccj.jp

印刷・製本　三松堂印刷
ISBN978-4-8184-0962-0　C3016　日キ販　Printed in Japan

日本キリスト教団出版局の本

新約聖書解釈の手引き

浅野淳博、伊東寿泰、須藤伊知郎、辻　学、中野　実、廣石　望、
前川　裕、村山由美：著　（A5 判 338 頁／ 3200 円＋税）

聖書は、汲めどもつきぬ恵みを湛えている。それゆえ聖書学者は、聖書を読むための多様な方法を提案してきた。初学者向けにその各種の方法を概説すると共に、その方法論を用いて聖書テキストを解釈した適用例を紹介する。「新約聖書をさらに深く読みたい」と願う人の必携書。

聖書学古典叢書
福音書記者マルコ　編集史的考察

W.　マルクスセン：著　辻　学：訳（A5 判 248 頁／ 3800 円＋税）

近現代聖書学の研究に欠かすことのできない古典的名著の本邦初訳。本書は、1956 年にドイツで出版されて以来、「編集史的方法」の嚆矢として、新約聖書学や福音書研究に大きく貢献し、今なお多くの著作で引用される。深い知識と鋭い洞察に裏打ちされた名学術書。

新約聖書神学　I 上・I 下・II 上

フェルディナント・ハーン：著

（A5 判 I 上 550 頁、I 下 538 頁、II 上 642 頁／各 12000 円＋税）

20 世紀後半のヨーロッパにおいて遂行された新約聖書学の全体像を、穏健・中庸の立場から、歴史的・神学的に捉える。原始キリスト教神学に関して展望を得たい方はもちろん、神学の根本問題に取り組もうとする広範囲の読者の関心に答え、一層の思考の深まりへと導く。